Bonneau et la Bellehumeur
ou
On va libérer Riel

Bonneau and Miss Bellehumeur
or
Riel must be freed

de Raoul Granger

La nouvelle plume

Raoul Granger
Bonneau et la Bellehumeur
Bonneau and Miss Bellehumeur
Théâtre

Bonneau et la Bellehumeur /Bonneau and Miss Bellehumeur© 2012
Les Éditions de la nouvelle plume
Tous droits de traduction, de reproduction et d'adaptation réservés.

ISBN 978- 2- 921385-76-3

Dépôt légal à la Bibliothèque nationale du Canada 1er trimestre 2012

Maquette de couverture : Noblet Design Group

Mise en page : focus-plus communications

Photos : La Troupe du Jour à Saskatoon, Canada

Nous remercions le Conseil des Arts du Canada et le ministère du
Patrimoine canadien pour leur soutien financier et pour l'aide accordée
à notre programme de publication.

Imprimé chez Houghton Boston à Saskatoon, Canada

Les Éditions de la nouvelle plume
3850, rue Hillsdale, bureau 130
Regina (Saskatchewan) S4S 7J5
Canada
nouvelleplume@sasktel.net
www.nouvelleplume.com

Pour les descendants de ces pionniers, Fransaskois et Métis,
et tous les membres de ces deux peuples cousins qui ont, plus
d'une fois, partagé la même page d'histoire.

Pour Agathe ...
Merci et bonne lecture,
Raoul

Biographie

Raoul Granger

Raoul Granger est né à Willow Bunch, petit village dans le sud de la Saskatchewan, qui lui a offert un paysage pittoresque pour nourrir son œil curieux d'enfant; ce paysage était peuplé de francophones, avec en arrière-plan des Métis et des anglophones. Sa curiosité d'enfance l'a d'abord mené vers une carrière de science et de recherche, qu'il pratique toujours, et pour laquelle il a adopté la devise « Découvrir avec passion ». Le paysage francophone ne l'a jamais quitté; il est d'abord et avant tout et toujours un Fransaskois. Père de deux enfants qui font maintenant leur marque dans la chanson et dans le théâtre, il a appris d'eux une toute autre passion, celle de la culture. Cette passion culturelle, il l'exprime surtout par l'écriture et par le jeu théâtral.

Le théâtre représente un terrain privilégié pour la découverte de soi. Raoul est membre du conseil d'administration de La Troupe du Jour. Il a participé en tant que comédien avec la Troupe du Jour, et il a aussi prêté sa voix lors de lectures de textes en développement. Il a aussi participé aux Journées du patrimoine de la Société historique de la Saskatchewan en tant que comédien et auteur.

La Troupe du Jour a produit plusieurs de ses pièces, ainsi qu'une courte pièce et des saynettes. Les deux premières pièces, soit *Le Costume* et *Le mariage d'la fille Gareau* ont connu un succès populaire; elles se retrouvent dans les deux premiers tomes de *Le théâtre fransaskois* publié par Les Éditions de la nouvelle plume. La pièce *Bonneau et la Bellehumeur*, produite pour commémorer le centenaire de la Résistance des Métis à Batoche, a fait une grande tournée en province. Avec celle-ci, Raoul a pu donner voix aux ancêtres francophones et métis des gens qui peuplaient le paysage pittoresque de son village natal.

Bonneau et la Bellehumeur

Résumé

Fin juin 1885. La bataille de Batoche est terminée, la résistance des Métis est matée. Riel est en prison à Regina. Sa femme, Marguerite Monet dit Bellehumeur, est venue pour le voir. Mais la prison est à une distance de 4 milles de la ville et il n'y a pas de droit de visite. En attendant une occasion de voir son mari, elle reste chez un commerçant francophone du nom de Pascal Bonneau, un ami et employeur des Métis.

Les relations entre le Haut et le Bas-Canada se sont envenimées à la suite des événements de Batoche. Le premier ministre, John A. Macdonald, croyant que ça pourrait calmer les esprits, a demandé discrètement au gouverneur Dewdney de trouver une façon de libérer Riel. Pascal Bonneau est chargé de cette mission secrète; pour la réaliser, il fait appel à ses amis les Métis.

L'action se passe dans une pièce à l'arrière du magasin Bonneau le soir de la libération planifiée; Pascal vient tout juste d'envoyer les Métis prendre la prison et amener Riel au Montana. Marguerite arrive pour le supplier de l'aider à obtenir un droit de visite; Pascal lui dévoile enfin le plan d'évasion. Marguerite n'est pas particulièrement heureuse d'apprendre cette nouvelle : son mari a une mission, celle de négocier pour le peuple métis et elle ne fait surtout pas confiance à Macdonald. Bonneau et la Bellehumeur sont contraints d'attendre ensemble les nouvelles des Métis chargés de l'opération. Pascal doit la convaincre du bien-fondé de la libération de son mari. Marguerite ne veut surtout pas retourner au Montana; elle rêve qu'avec Louis, ils pourront rebâtir Batoche à Batoche. Leurs discussions, à l'aide de scènes « flashback », éclairent les divers aspects de la situation dans laquelle ils se trouvent : le sort des Métis et des Français, la bataille, les motivations du gouverneur Dewdney. Peu à peu les espoirs de chacun se dessinent puis… la nouvelle de l'évasion ratée tombe.

Bonneau et la Bellehumeur
ou
On va libérer Riel

Texte théâtral de
Raoul Granger

Les personnages

Pascal Bonneau   Marchand et homme d'affaires (47 ans).

Marguerite Riel   Marguerite Monet, dit Bellehumeur. La femme de Louis Riel (24 ans, enceinte de 5 mois).

André Gaudry   Métis de la Montagne de bois (38 ans).

Edgar Dewdney   Gouverneur des Territoires du Nord-Ouest (50 ans).

La scène

L'action se déroule dans le « bureau » de Pascal Bonneau. C'est une grande pièce située à l'arrière de son magasin général; il y a deux portes et une fenêtre. On doit pouvoir évoquer trois lieux supplémentaires : le bureau du gouverneur, une gare et le camp métis. On est à la fin juin, 1885. L'action débute tôt en soirée.

Bonneau et la Bellehumeur
ou
On va libérer Riel

Prologue — Le chat et les souris

Pascal est à son pupitre de travail; il fait des entrées dans son grand livre. Il est visiblement inquiet. L'éclairage général.

EDGAR   *(Offstage, ou sous une lumière ponctuelle; comme un exercice de diction.)*

Le chat et les souris.
Par Louis Riel
Anglais par la naissance, un chat de bonne race,
Comme un lord sans pitié, ne vivait que de chasse.
C'était là son métier. Et tant que le butin
Venait abondamment, le sire Galopin
Se mettait tout-à-l'heure dans les joies du festin.
Notre chat… notre Saxon, à table,
Ne servait jamais de plat plus délectable
Que la chair de souris…

MARGUERITE   *(Offstage,* ou sous une lumière ponctuelle; *avec étonnement)* Les Mitchifs ça l'est pas des souris!

EDGAR   Ses parents, ses amis, venaient-ils faire visite?
Toujours, de sa viande favorite
Il préparait lui-même le goûter.
Et puis bombance aux matous en gaîté!
Certains jours que le chat en bonne compagnie
Mangeait dans ses loisirs à sa table fournie…
Les souris…

MARGUERITE   *(Avec insistance.)* Les Mitchifs ça l'est pas des souris!

Le spot s'éteint et l'éclairage revient sur la scène principale.

Acte I Scène I — Le plan

Pascal ferme le livre avec un geste de frustration.

PASCAL   Torrieu! Ça marche plus!...

André Gaudry entre depuis la ruelle, sans frapper.

ANDRÉ   Eh! Missieu Bonneau!

PASCAL   André!... Enfin! *(Il court voir par la fenêtre.)* T'es tout seul?

ANDRÉ   Éhé! Bottineau ça l'attend su' l'trail, auras dju village!

PASCAL   *(Il tire le store.)* Personne t'a suivi?

ANDRÉ   Namoya!

PASCAL   T'es certain?

ANDRÉ   *(Il se dirige vers le pupitre et ramasse la bouteille.)* Gaudry, ça l'ont un bon nez! Ça peut sentir lis Anglais ipi la police à un mille! Çafaiq Gaudry ça l'sait que parsonne l'on suivi.

PASCAL   *(Il saisit la bouteille.)* Pas tout de suite! Raconte d'abord. Ça s'organise comme il faut?

ANDRÉ	Ben, Missieu Bonneau! Lis hommes ça l'ont besoin plusse de balles.
PASCAL	Quoi!? Plus de balles! Je croyais qu'on avait réglé tout ça; j'ai alloué une boîte de munition pour chacun de tes hommes! Je calcule que ça devrait suffire.
ANDRÉ	Éhé, ça l'sait que Bonneau ça l'a figuré; mais, lis hommes itou ça l'ont figuré!... Ipi, ça l'ont besoin plusse de balles.
PASCAL	Pour quoi faire? Tu leur as fait comprendre au moins qu'il ne faut pas tirer sur la police!? Il ne faut pas tuer de polices! Au pire on prend des prisonniers! C'est tout!
ANDRÉ	Éhé, Missieu Bonneau. Lis hommes ça l'sait. Ça l'ont va pas tchirer sur la police!
PASCAL	Bon!
ANDRÉ	Mais, si la police ça tchire sur lis Mitchifs en premier, là ça va êt'e comme la chasse au buffalo; lis Mitchifs ça l'ont va…
PASCAL	La police va pas tirer! *(Il lui montre un papier.)* Tu vois, le gouverneur a convoqué une assemblée publique pour annoncer des nouveaux travaux… Une nouvelle prison, en ville! On m'a fait dire qu'il va rester seulement trois hommes pour garder la prison de la Police montée; le reste du détachement sera ici, dans Regina.
ANDRÉ	Ainq trois polices? Bonneau c'é-ti cartain d'ça?

PASCAL   C'est ce qu'on m'a fait comprendre.

ANDRÉ   Abain! Bonneau ça l'cré tedben que ça l'ont ainq trois polices; mais Gaudry ça l'é pas cartain d'ça! Çafaiq, ça l'a plusse d'hommes avec lui. Ipi, ceus-là itou, ça l'ont besoin des balles asteure, Missieu Bonneau!

PASCAL   Plus d'hommes!? Pour quoi faire? Vous allez me casser! Torrieu! Je suis juste un marchand, moi! Pas un banquier!

ANDRÉ   Éhé! Ça l'sait ça! Bonneau c't'ein bon traiteur, mais ça l'é ainq ein traiteur de couvartes ipi d'farine! Gaudry c't'ein chasseur mitchif; çafaiq ça l'sait qu'ça l'ont besoin plusse de Mitchifs pour chasser la police!

PASCAL   Bon, bon! Y'a combien d'hommes?

ANDRÉ   Ça l'ont seize chasseurs.

PASCAL   Seize! C'est quatre de plus qu'avant!

ANDRÉ   Ça sont lis meilleurs tchireurs de buffalo de la Montagne de Bois!

PASCAL   As-tu vraiment besoin de seize Métis pour capturer trois polices!?

ANDRÉ   Ainq la moitché.

PASCAL   La moitié!! Tu m'prends pour un…

ANDRÉ   Éhé! Ça l'ont fait deux camps, Missieu Bonneau.

PASCAL	Deux camps, asteure! Et puis je suppose qu'ils ont besoin de couvertures itou!
ANDRÉ	Ein camp ça l'é sur le bord dju Crique à Oskana, au nord; c't'à deux milles de la prison d'la police. L'aut'e camp, ça l'é fait pas loin d'la ville, ein tchi peu au sud-ouest, sur l'bord d'la Belle Plaine. Ça l'ont six hommes ipi Bottineau dans l'camp dju Nord; ça l'ont dis bons ch'faux ceus-là. Ipi à la Belle Plaine, ça l'ont huit hommes; ça sont lis meilleurs tchireurs.
PASCAL	Mais pourquoi deux camps?
ANDRÉ	Bottineau, ça va prend'e lis hommes dju nord, ipi ça vont faire eine première charge su'a prison.
PASCAL	Une première?
ANDRÉ	Éhé! Ça vont pas tchirer. Ça l'é jusse pour faire sortir la police, pour que ça chasse lis Mitchifs. Ça vont faire une charge, avec dis cris d'guerre; ipi ça vont se r'tchirer un tchi brin pour vouère. Ipi, mainqu'la police ça l'a sorti pour chasser c'tes Mitchifs-là, ben Gaudry ça va v'nir d'la Belle Plaine avec lis autes hommes, ipi ça vont prend'e la prison.
PASCAL	*(Un temps.)* Ça va marcher, ça?... J'ai bien confiance en les Métis; mais… il faut être certain que ça va marcher!
ANDRÉ	Ça peut avouèr confiance, Missieu Bonneau! Ça va marchi.

PASCAL	Écoute! Si ça ne marche pas, c'est ma tête qu'on va venir chercher! Tu l'sais ça, hein! Ma tête, mon magasin, et puis…
ANDRÉ	Cré! Ça va marchi, Missieu Bonneau!
PASCAL	J'ai mis trois ans de ma vie à bâtir ce magasin! Et puis, j'ai rien fait de mal pourtant! J'ai rien fait pour que les gens me boudent comme ça! Y s'passe une chicane à deux cent milles d'ici, qui n'a rien à voir avec moi… et pis tout d'un coup… On dirait que depuis qu'elle a une chambre chez moi, les gens m'évitent comme la peste!
ANDRÉ	La Tchite Bellehumeur?
PASCAL	Sainte-Misère! Aussi bien me pendre comme le coupable! *(Un temps)* J'ai bien hâte que cette affaire-là soit finie! Que les gens reviennent à leur sens! Qu'ils voient ce que j'ai fait pour la ville! J'ai bâti leur église! Torrieu!
ANDRÉ	Cré! Ça l'é Gaudry qui l'djit! Ça va marcher. Ça va bentôt êt'e fini.
PASCAL	J'ai même construit leurs rues!
ANDRÉ	Ça l'sait; Gaudry ça l'a travailli pour Bonneau.
PASCAL	Bien André, n'oublie pas que si je perds mes contrats, ce sont toi et tes hommes qui n'auront plus de travail! Alors, il ne faut pas faire d'erreurs!

ANDRÉ	Ben, si ça l'é comme Bonneau ça l'ont djit, ipi qu'ça l'ont ainq trois polices… Ben cré! Y faut qu'Bonneau ça l'ont confiance!... Ça l'on-ti ein aute choix asteure?
PASCAL	T'as raison, André; je n'ai plus vraiment de choix… Il faut bien que je te fasse confiance.
ANDRÉ	Tchouèr! Ça von êt'e ein tchit jeu pour lis Mitchifs.
PASCAL	C'est bon! *(Un temps.)* Et les chevaux!? Les chevaux sont prêts?
ANDRÉ	Lis ch'faux itou. Éhé! Lis ch'faux que Gaudry ça l'ont choisi! Ça l'ont placé des bons ch'faux à toué djix milles ent'e Oscana ipi l'Montana. Eh! Ça l'a mis son ch'fal de course, li Bédick, dans l'premier poste du relais! Çafaiq ça l'é cartain qu'la police, ça l'ont va pas êt'e capab'e de l'attrapi!
PASCAL	C'est bien!... Et puis, dans le camp… dans les camps… Pas de feu? Pas de visite? Pas de sorties? Pas d'alcool?
ANDRÉ	Namoya! Pas d'whiskey!
PASCAL	Bon! Ils auront tout le whiskey qu'ils veulent après! Pour l'instant…
ANDRÉ	Ça l'é bon, Missieu Bonneau! Lis Mithcifs, ça l'ont fait des camps d'guerre. Éhé! Pas d'feu.
PASCAL	Les hommes sont prêts?

ANDRÉ   Lis Mithcifs, ça sont parés!

PASCAL   Alors… On va prendre la prison… sans tirer! On prend des prisonniers, c'est tout! Des prisonniers, ça peut être utile.

ANDRÉ   Éhé! Des polices prisonniers.

PASCAL   Et puis, on prend Riel, on le met sur un bon cheval… même s'il ne veut pas! Compris?

ANDRÉ   Riel, ça va vouloèr partir.

PASCAL   Et puis on va l'accompagner jusqu'au Montana sans arrêter!

ANDRÉ   Éhé! Riel, ça va l'êt'e dans l'Montana dans deux jours!

PASCAL   Très bien! *(Un temps.)* C'est tout ce qu'on peut faire. Espérons que ça marche!

ANDRÉ   Tchouèr! Ça va ben marchi.

PASCAL   Bon… bien, as-tu des questions avant de partir, André? As-tu besoin d'autres choses?

ANDRÉ   Ben, Missieu Bonneau, lis hommes, ça sont tedben parés, mais ça l'ont besoin plusse de balles.

PASCAL   Écoute! Je vous donne une autre boîte de munition. C'est tout! Ça devrait suffire!... Bien, t'as dit que le groupe du Nord n'allait pas tirer.

Pascal va prendre une boîte de munition d'un rayon et la remet à André.

ANDRÉ	Ça l'ont tedben besoin plusse de provisions itou… ainq pour queques jours…
PASCAL	Pas besoin d'autres provisions! C'est ce soir que ça va se passer!
ANDRÉ	À soère?
PASCAL	C'est ce soir l'assemblée publique; c'est ce soir qu'il va y avoir seulement trois polices à la prison. C'est ce soir, ou jamais, André!... T'es toujours prêt?
ANDRÉ	Éhé, Missieu Bonneau. Gaudry, ça l'é paré. Lis hommes itou, ça sont parés… asteure!
PASCAL	Dans ce cas-là, mon ami, prenons un petit coup… levons nos verres au succès de tes hommes!
ANDRÉ	Marsi ben, Missieu Bonneau. Mais Gaudry ça veut pas boère avant d'faire la guerre… En toué cas que ça l'ont besoin de tchirer sur la police… ben, si la police ça tchire en premier!... Ça l'sait que si ça boé du whiskey ça va tedben tchirer li ch'fal d'la police quand ça veut tchirer la police.
PASCAL	*(Riant)* Bon, d'accord. *(Il lui serre la main.)* Alors, va! Bonne chance André!

On frappe à la porte. Les hommes figent.

PASCAL	*(Chuchotant)* Quoi!? On t'a suivi?
ANDRÉ	*(À voix basse aussi.)* Namoya, Missieu Bonneau! Parsonne ça l'ont suivi!

PASCAL   André! C'est ma peau qui est en jeu ici!

ANDRÉ   Ça l'é ma peau itou, Missieu Bonneau! Çafaiq, ça l'é cartain que parsonne l'on suivi.

On frappe une autre fois.

PASCAL   Torrieu! Qu'est-ce qu'on fait?

ANDRÉ   Mosusse! Ça l'a des balles asteure, ipi ça l'a laissé son fusil su' son ch'fal!

PASCAL   Cache-toi dans le magasin et puis attends! Si c'est la police…

On frappe encore. Une voix de femme se fait entendre de l'extérieur.

MARGUERITE   Missieu Bonneau?

PASCAL   Madame Riel?

ANDRÉ   La Tchite Bellehumeur?

PASCAL   *(Il vérifie sa montre de poche.)* C'est trop tôt!

André se précipite pour lui ouvrir la porte, mais Pascal l'arrête.

PASCAL   Attends, André! Elle ne sait rien encore. Et tu ne dois rien lui dire!

ANDRÉ   Mais, la Bellehumeur… Riel ça l'é son mari! Çafaiq…

PASCAL   Je vais tout lui expliquer plus tard!... Quand l'affaire sera bien en marche. *(Il le pousse vers le magasin.)* Toi, tu vas aller sauver son mari!

ANDRÉ   Éhé, Riel ça va l'êt'e dans l'Montana dans deux jours! Ipi, Bonneau ça va li envoyer sa Tchite Bellehumeur.

PASCAL   Oui. Oui! Vas-y! *(Il le pousse par la porte.)* Pas d'erreurs, André!

On frappe encore à la porte, plus insistant cette fois-ci.

MARGUERITE   Missieu Bonneau? C'est moé… Marguerite!

Acte I Scène II — La demande

Pascal ouvre la porte, et Marguerite entre, se dirigeant jusqu'au centre.

PASCAL   Madame Riel! Je m'excuse, j'étais… *(Il indique le côté magasin.)*

MARGUERITE   Missieu Bonneau!

PASCAL   Je ne vous attendais pas si tôt!

MARGUERITE   Ça l'est toudben d'bonheur, mais j'pouvais pu attendre.

PASCAL   Ça va. Je vous en prie. Assoyez-vous. Tout est prêt.

MARGUERITE   Marsi, mais j'va pas êt'e longtemps… Missieu Bonneau…

PASCAL   Mais, assoyez-vous, je vous prie!… *(Il fait avancer la chaise.)* Une femme dans votre condition devrait se reposer, garder ses forces… pour le petit. Et puis, j'ai des choses à vous expliquer…

MARGUERITE	Non! Missieu Bonneau!... Faut m'laisser parler d'abord. J'ai besoin de parler d'abord.
PASCAL	Très bien.
MARGUERITE	Missieu Bonneau... j'vois ben que vous êtes une bonne personne. Vous et madame Bonneau, ça l'ont fait une place pour moé dans vot'e maison. Moé, une femme mitchif. Mais asteure...
PASCAL	Il vous manque quelque chose? Dites-le-moi et j'en parlerai à Célina...
MARGUERITE	Non! Ça l'est pas à Madame Bonneau...
PASCAL	C'est moi, alors?... Est-ce que j'ai manqué…
MARGUERITE	Non! Missieu Bonneau! Ça l'a été bon pour moi itou... Mais asteure, j'a besoin de savoir!
PASCAL	Oui?
MARGUERITE	Ça font combien de jours que j'su icitte, à Oskana?... dans vot'e maison?
PASCAL	Dix jours.
MARGUERITE	Dix jours! Ipi, j'ai pas encore vu mon mari!
PASCAL	Oui, je le sais, mais…
MARGUERITE	Ben j'su v'nue pour le voir! J'veux l'voir!
PASCAL	Oui, mais vous savez que ce n'est pas facile...
MARGUERITE	J'veux visiter mon Louis qu'ça l'est en prison!

PASCAL …la prison est à quatre milles d'ici.

MARGUERITE Ipi, j'veux savoir quand c'est que j'va le voir.

PASCAL Vous savez que depuis qu'il est là, on ne laisse pas n'importe qui s'approcher de cette prison.

MARGUERITE C'est pas que je doute d'la sincérité à Missieu Bonneau, ni d'ses bonnes intentions… mais, ça m'avait dit, quand j'su arrivée,.. ça m'avait dit que ça allait parler au gouverneur… que ça allait faire tout dans son pouvoir pour m'aider aller voir Louis.

PASCAL Et je vous assure que j'ai fait tout ce qui était en mon pouvoir de faire.

MARGUERITE Ça l'est allé voir le gouverneur?

PASCAL Oui. Et ça, vous le savez. Le lendemain de votre arrivée, pour lui demander de vous assurer un logement en sûreté; et il m'a prié de vous accueillir chez nous… ce que j'ai fait… et Célina était bien d'accord.

MARGUERITE Ça l'sait ça. Ipi, même si ça l'est très bien chez vous; ipi madame Bonneau, ça l'est très gentille avec moi...

PASCAL Les enfants aussi...

MARGUERITE J'su pas venue icitte pour prende la place chez vous, Missieu Bonneau! J'su venue icitte pour êt'e avec Louis. Une femme ça l'a besoin d'êt'e avec son mari!

PASCAL   Je comprends bien et je vous assure, Marguerite, que…

MARGUERITE   Ipi, Louis ça l'est pas venue icitte jusse pour prende la place dans vot'e prison! Louis ça l'a une mission… Ipi ça l'a besoin d'sa Marguerite!

PASCAL   Une mission? Je comprends pas… C'est un prisonnier…

MARGUERITE   Éhé! Une mission. Ça l'est important, Missieu Bonneau. Ipi, ça l'est important que Louis ça sait que ça vont ben... *(Elle se met les mains sur le ventre.)* que les p'tchits ça sont bens… que j'va ben. J'a besoin de lui donner c'te message-là. Ipi…

PASCAL   Et puis vous?

MARGUERITE   J'a besoin d'le voir… Une femme ça l'a… Ça l'a besoin de savoir que Louis ça l'est ben; que ça l'est pas maltraité. *(Elle sort une paire de mocassins pour enfant de son sac.)* Ipi, ça l'a besoin d'le montrer ça.

PASCAL   Des mocassins d'enfant?

MARGUERITE   Éhé! Ça veut le montrer; ça sont un cadeau de Dumont. Ça l'est important.

PASCAL   Gabriel Dumont?

MARGUERITE   Ça l'est la Madeleine Dumont que ça l'a fait les mocassins. Ça sont pour le p'tchit icitte que ça l'a pas encore vu Batoche.

PASCAL Batoche? Y'a plus rien…

MARGUERITE Madeleine ça l'a dit que le p'tchit ça l'a besoin de connaîte la terre des Mitchifs! Çafaiq ça l'a mis un p'tchit brin de sable dans la doublure des mocassins… Ça l'a dit : « Comme ça, même si ça peut pas tremper ses mocassins dans la rivière à Batoche, le p'tchit ça va toujours marcher sur la terre des Mitchifs. »

PASCAL C'est touchant.

MARGUERITE Ipi, ça l'est important que Louis ça l'sait que son p'tchit ça va connaît'e ça.

PASCAL *(Il s'approche pour voir.)* Ils sont très beaux, mais…

MARGUERITE Éhé, ça sont beaux! *(Elle les accroche autour de son cou et s'éloigne un peu pour l'empêcher de les voir de trop près.)* Çafaiq! Bonneau ça va-t-i l'dire c'est quand j'va voir Louis?

PASCAL *(Un temps.)* D'accord, Madame Riel, je vois que c'est à mon tour de vous expliquer des choses.

MARGUERITE Éhé! Ipi, ça l'est quoi ça?

PASCAL Bien… Pour commencer… Après ma première rencontre avec Dewdney, je lui ai tout de suite envoyé une lettre demandant une autre audience pour que nous puissions plaider votre cas…

MARGUERITE	Ipi? Bonneau ça l'est-i allé l'voir, Dewdney encore?… *(Il fait signe que oui.)* Quand ça?
PASCAL	Eh bien… il y a six jours, une semaine.
MARGUERITE	Une s'maine!… Ipi ça m'a pas dit ça… ça m'a pas dit c'que le gouverneur ça l'a dit!
PASCAL	Je n'pouvais pas!... Et puis, j'étais parti pendant quatre jours.
MARGUERITE	J'veux savoir, Missieu Bonneau! J'veux savoir tout d'suite quoi c'est qui s'est passé avec le gouverneur! Y refuse-ti de m'laisser aller voir Louis? *(Un temps.)* Ça doit êt'e ça… passeque ça font six jours déjà…
PASCAL	Attendez, Marguerite! Avant d'aller imaginer toutes sortes de choses, laissez-moi vous expliquer.
MARGUERITE	Ça l'a pas besoin d'expliquer, Missieu Bonneau! Ça l'a jusse besoin d'le dire. Ça vont-i m'laisser visiter Louis dans la prison?
PASCAL	Non!

Un temps.

MARGUERITE	Çafaiq…
PASCAL	Vous n'irez pas voir votre mari en prison.
MARGUERITE	Ça l'a-t-i dit pourquoi?
PASCAL	Vous allez le voir, votre Louis!… très bientôt même… mais il ne sera pas dans la prison.

MARGUERITE	J'va l'voir?... Où ça?
PASCAL	Écoutez, j'en arrivais justement à vous le dire. Je suis allé revoir Dewdney...
MARGUERITE	J'vous écoute.
PASCAL	Le jour où j'ai envoyé la note... et bien, le soir même, assez tard... les enfants dormaient, et vous aussi, je crois... on est venu frapper à la porte. Célina pensait que c'était des malfaiteurs, ou des soûlards; elle ne voulait pas que j'y réponde. Y'a toute sorte de monde en ville maintenant, des curieux, des profiteurs, des trouble-fêtes, des chasseurs de prime...
MARGUERITE	Et pis?
PASCAL	Ça continuait de frapper. Alors, je suis allé voir. C'était la police...
MARGUERITE	La police?
PASCAL	Oui, la police qui venait me dire que le gouverneur voulait me parler... tout de suite...
MARGUERITE	Dans l'milieu d'la nuit?
PASCAL	Je n'avais aucune idée pourquoi il me convoquait en plein milieu de la nuit comme ça... Je pouvais à peine imaginer! Je me suis même permis de croire... d'espérer des nouveaux contrats... mais non...
MARGUERITE	Çafaiq ça l'est allé l'voir...

| PASCAL | J'ai suivi la police jusqu'au bureau de Dewdney… Il m'attendait… |

Acte I Scène III — Le contrat

Dewdney est dans son bureau.

| EDGAR | Ah! Mister Bonneau, you've come. |

| PASCAL | Yes, Excellency. I 'ave receive your message, and so I come... |

| EDGAR | Très bien. Entrez… |

| PASCAL | Ça doit être assez important pour me convoquer dans la nuit… |

| EDGAR | Oui! Je dois vous parler franchement et en toute discrétion… Mais entrez, je vous prie!... and close the door behind you. |

| PASCAL | Si c'est par rapport à un contrat pour construire des rues, je peux vous assurer, Monsieur Dewdney, que même si j'ai perdu des hommes… Bien, vous le savez, ils sont allés travailler pour Légaré et pour la Brigade de scouts… Bien, je suis certain que je pourrais en recruter d'autres… |

| EDGAR | Ah bon!... Soyez rassuré Mister Bonneau que nous connaissons le bon travail que vous faites pour nous. Mais, il ne s'agit pas de rues. C'est une tout autre affaire que j'ai à vous proposer. |

| PASCAL | Une autre affaire... |

EDGAR Une nouvelle affaire, yes… une affaire importante.

PASCAL Eh bien, Monsieur Dewdney, un nouveau contrat serait tout à fait bienvenu! Vous n'êtes pas sans savoir que les temps sont difficiles; surtout pour mon magasin.

EDGAR Un contrat?... Hmm, on pourrait, je suppose, voir la chose ainsi… Il s'agit d'une affaire d'État.

PASCAL …Une affaire d'État?... Alors, c'est pas…

EDGAR Yes… une demande qui vient d'Ottawa; sur une question de sécurité. C'est donc très important, *urgent* même; et on me demande d'agir rapidement. Je ne peux pas l'accomplir sans solliciter la collaboration d'une personne en qui j'estime avoir une confiance totale. *(Un temps)* Alors, quand j'ai regardé autour de moi, à Regina, en me demandant qui pourrait être cette personne… et j'ai bien vu… Mister Bonneau, vous êtes le seul homme à qui je peux confier cette affaire.

PASCAL Oh…

EDGAR Vous semblez sceptique?

PASCAL Je vous demande pardon, Monsieur Dewdney. C'est que… c'est que la dernière fois que vous avez utilisé ces mots… bien, ça n'a pas vraiment été une bonne affaire pour moi.

EDGAR I see.

PASCAL	Quand vous m'aviez demandé de permettre à madame Riel de rester chez nous en attendant le procès de son mari, vous avez dit exactement cela : « Vous êtes le seul homme en qui je peux avoir confiance. »
EDGAR	Ce que vous avez bien accepté de faire.
PASCAL	Oui, parce que je croyais que je n'avais pas le choix de refuser. Mais accueillir madame Riel, ça n'a pas été...
EDGAR	Et nous sommes reconnaissants! Vous savez aussi bien que moi, Mister Bonneau, que madame Riel ne pouvait pas rester à l'hôtel. La population est très agitée; et il y a beaucoup d'hostilité envers les Métis et surtout envers le prisonnier. Je dois garder l'ordre. Pour le bien de la ville et du territoire, je dois garder l'ordre... et pour cela je dois protéger madame Riel. Vous recevez de nous, je crois, une somme adéquate pour payer sa pension.
PASCAL	Oui, bien ça couvre ce qu'elle peut bien manger, c'est sûr. La pauvre petite... elle devrait manger pour deux, mais tourmentée comme elle est, elle touche à peine ce que Célina met devant elle. Et puis, tout ce qu'elle veut, c'est d'aller voir...
EDGAR	C'est suffisant alors.
PASCAL	Pour sa pension, oui; mais ça ne compense pas les autres pertes! Vous n'êtes pas sans savoir que depuis qu'elle est chez nous, j'ai perdu la plupart de mes clients au magasin. Les gens ne viennent plus. Les affaires vont plutôt mal!

EDGAR	Pour ça aussi, j'essaie de vous aider. Tout ce que je fais, Mister Bonneau, a pour but d'attirer plus de colons dans mon territoire et dans cette ville! Plus de fermiers, plus de ranchers, plus d'entrepreneurs… ce sont tous des clients pour votre magasin.
PASCAL	Mais les gens sont traîtres et hypocrites! Ils pensent que parce qu'elle a une chambre chez nous, ça veut dire que je suis un supporteur de ce Riel! Ils ont vite oublié ce que j'ai fait pour cette ville… le premier magasin, l'église, les rues…
EDGAR	Yes, yes, nous le savons. Et vous avez raison de croire que les gens oublient vite. C'est une leçon importante que doit apprendre tout bon politicien… et tout bon business man, Mister Bonneau. Mais vous n'avez pas raison de croire que c'est à cause de Madame Riel que les gens évitent votre magasin.
PASCAL	C'est quoi alors, selon vous?
EDGAR	C'est très simple. In times of war, les gens voient tout en noir et blanc. Dans le cas présent, il y a les Anglais… protestants, bien sûr… et il y a tous les autres. Alors, les gens vous associent avec le prisonnier Riel parce que vous êtes Français et catholique… et les gens savent bien que vous employez des Métis.
PASCAL	Mais Batoche, c'était pas une vraie guerre! Et pis moi, je suis resté neutre là-dedans!
EDGAR	Neutre?... Personne est neutre, Mister Bonneau…

PASCAL   Enfin! Ils ne voient pas que je fais une bonne chose quand j'emploie les Métis?... Que je fais d'une pierre deux coups? Non seulement je construis les rues de Regina à très bon prix, mais j'occupe de pauvres gens qui autrement ne sauraient pas quoi faire d'eux-mêmes! Puis, les Métis font un bon travail quand même.

EDGAR   Tout ça, les gens ne le voient pas; ils sont aveuglés par le mépris et la peur. Mais moi, je suis le gouverneur, et je le vois. Et c'est *precisely* pour cela... parce que vous employez des Métis... que je vous ai choisi pour cette affaire.

PASCAL   Parce que j'emploie des Métis?...

EDGAR   Je peux vous assurer que vous serez largement récompensé si vous l'acceptez... et si vous réussissez. Cela pourrait bien compenser les pertes de votre magasin.

PASCAL   C'est quoi cette affaire?

EDGAR   Très bien, puisque vous demandez, venons aux faits. *(Il lui montre un papier.)* J'ai reçu ce *telegram* ce matin... de Sir John A.

PASCAL   Le premier ministre?

EDGAR   The Prime Minister, yes. Il est très... inquiet. Il craint des actes de violence dans l'Est.

PASCAL   Dans l'Est? Mais qu'est-ce que ça à faire avec nous?... avec moi?

EDGAR	Avec cette histoire de rébellion métisse et de bataille à Batoche, les tensions ont repris entre le Haut et le Bas-Canada, et surtout depuis que nous avons capturé Riel.
PASCAL	Riel? Vous ne l'avez pas capturé. Vous l'avez dit vous-même qu'il s'est rendu pour négocier. Ça fait tout de même une différence.
EDGAR	Ce qui fait la force du chat, Mister Bonneau, lorsqu'il chasse la souris, c'est sa ruse et sa patience. Le chat n'a qu'à bien se placer et attendre; tôt ou tard, sa proie s'expose ou vient vers lui… et alors, il la prend… la souris est à lui… C'est cela qui fait la différence. *(Un temps)* Évidemment, les Français ne voient pas la chose de la même façon que nous.
PASCAL	Les Français?...
EDGAR	Justement! Depuis que Riel est en prison, il y a beaucoup de tension dans l'Est; et cette tension découle d'une très grande divergence d'opinions. En Ontario, les Anglais veulent la pendaison de Riel; ils la réclament haut et fort. Ont-ils raison, Mister Bonneau?
PASCAL	Je… Je ne pense pas que ça justifie la peine de mort. Je pense que Riel essayait juste de…
EDGAR	Les Français, eux, comme les Libéraux, croient que Riel est une victime. Ils revendiquent sa libération. Nous savons que les Grits ont bien essayé de convaincre Middleton de laisser le prisonnier s'échapper! On me dit que ce jeune député, Laurier, se fait de plus en plus souvent l'avocat de cette « injustice ». Je

peux bien les voir tous, Libéraux et Français, comploter pour essayer de faire évader Riel de ma prison! En savez-vous quelque chose, Mister Bonneau?

PASCAL

Je... Non, your Excellency!...

EDGAR

Sir John me dit... *(Il replie le papier.)* Sir John me dit que, étant donné la situation extrêmement volatile entre le Haut et le Bas-Canada, ce serait peut-être mieux pour le pays... c'est-à-dire, les provinces de l'Est... ce serait peut-être mieux si Riel n'était plus en prison.

PASCAL

Le premier ministre?

EDGAR

Yes, the Prime Minister! Et l'opposition, et les Français veulent tous que mon prisonnier disparaisse!

PASCAL

Bien, ils ne sont pas seuls à avoir hâte que cette histoire finisse.

EDGAR

Alors, ce que le Prime Minister veut, je dois le faire... Mais, vous comprenez, Mister Bonneau, que nous ne pouvons pas simplement ouvrir la porte de la prison pour le laisser « disparaître », comme le voudraient bien les autres!

PASCAL

Alors quoi?... Vous n'allez tout de même pas le faire assassiner! Ça non plus, ça n'aiderait certainement pas à calmer les Canadiens français dans l'Est. Même si vous croyez que les gens oublient vite... les Français ne seront pas prêts à oublier l'assassinat de Riel!

EDGAR	Of course not!.. Je ne suis pas un barbare! *(Un temps)* Mais, supposons ceci : si Riel réussit à sortir de ma prison… s'il réussit à s'évader pour retourner au Montana… cela pourrait bien se faire avec l'aide de vos Métis… bien alors, Riel ne serait plus en prison, et ça ne serait ni à cause des Anglais, ni la faute des Français. La situation finirait par se calmer dans l'Est… would it not, Mister Bonneau?
PASCAL	Attendez! Vous me demandez de…
EDGAR	C'est le Prime Minister qui commande.
PASCAL	Mais, je suis un homme d'affaires, moi! Pas un… un brigand!
EDGAR	Mais nous discutons *business*, Mister Bonneau!... Un paiement contre un service rendu… Riel doit sortir de prison, et cela doit se faire sans impliquer mon bureau… nor that of the Prime Minister. Voilà l'affaire que nous vous proposons.
PASCAL	Business!?... J'espérais un contrat… mais, prendre d'assaut la prison!? Non! Je ne peux pas faire ça!
EDGAR	Je ne vous demande pas de faire cela de vos propres mains. Je sais que vous profitez d'un certain pouvoir d'influence sur ces Métis du Sud, ceux qui travaillaient pour vous.
PASCAL	Mais ils ne travaillent plus pour moi!
EDGAR	N'aviez-vous pas justement affirmé que vous pourriez les recruter?... Je crois que vous

pourriez bien faire en sorte que vos Métis viennent chercher ce Riel quand on vous annoncera que le moment est… propice.

PASCAL Monsieur Dewdney, même si je demande à quelqu'un d'autre de briser la loi à ma place, je serais tout aussi coupable… je ne peux pas!

EDGAR Mister Bonneau! C'est moi qui représente la Loi dans ce territoire, et c'est moi qui vous le demande! Alors soyez rassuré, vous n'agirez pas en criminel.

PASCAL Vous me demandez quand même d'exposer mes amis à de sérieux risques… je ne voudrais pas faire cela! *(Il prend un pas vers la sortie.)*

EDGAR Ce sont juste des Métis! Les gens s'attendent à ce genre de comportement des Métis; ils n'auront aucune raison de soupçonner que vous êtes impliqués.

PASCAL Ce sont mes amis, Monsieur Dewdney! Et je ne veux pas être l'instigateur d'une autre guerre avec les Métis.

EDGAR Une autre guerre? C'est *precisely* pour éviter une guerre entre le Haut et le Bas-Canada que nous faisons ceci! Cela vaut bien le risque de placer quelques Métis en danger, don't you think!?… Et il ne faudrait surtout pas laisser les Libéraux s'occuper de cette affaire! Dois-je sans cesse vous rappeler que c'est le Prime Minister qui le demande. Qui êtes-vous pour lui refuser cela!?

PASCAL Je…

EDGAR	Et songez que les autres contrats attribués par ce bureau pourraient bien découler de… services rendus. *(Un temps)* Je crois que vous avez intérêt, Mister Bonneau, en tant que bon businessman, de bien considérer l'affaire.
PASCAL	Est-ce que je dois comprendre alors que je n'ai pas le choix de refuser?
EDGAR **PASCAL**	*Excellent!* Je vois que nous sommes d'accord! C'est un joli cadeau! Je ne vois pas comment je peux sortir gagnant de cette affaire.
EDGAR	Nous avons déjà dit que vous serez récompensé si vous réussissez!
PASCAL	Que je réussisse ou non, je serai ruiné si on apprend que je suis mêlé à cette affaire.
EDGAR	Je vous conseille alors d'être discret.
PASCAL	Discret!?
EDGAR	Vous comprenez, n'est-ce pas Mister Bonneau, que si par malheur vous ne réussissez pas, si vous êtes arrêté, je serai bien sûr obligé de nier que nous avons eu cette discussion!
PASCAL	Bien sûr…
EDGAR	Allez chercher vos Métis et gardez-les prêts, à l'extérieur de la ville. Je vais vous envoyer un messager quand les conditions seront favorables pour leur travail. Très bien. Maintenant… l'affaire est close. N'en parlons plus. *(Il attend une réaction, mais Bonneau demeure silencieux.)* As always, it has been

a pleasure doing business with you, Mister Bonneau. S'il vous plaît, fermez la porte en sortant. Good night.

Noir sur Dewdney

PASCAL   Et le paiement?...

Acte I Scène IV — C'est ce soir
Pascal revient vers Marguerite.

PASCAL   Alors, je suis bien obligé de prendre ce risque…

MARGUERITE   Vous allez faire ça, Missieu Bonneau?

PASCAL   Et je ne sais même pas si je serai payé!

MARGUERITE   Vous allez attaquer la prison, ipi vous allez sortir Louis?

PASCAL   On va essayer.

MARGUERITE   Pourquoi ça m'a pas dit ça avant?

PASCAL   Je ne pouvais pas! J'ai trop à perdre!

MARGUERITE   Mais Louis, ça l'est mon mari!

PASCAL   Je l'sais, mais je ne voulais pas prendre de chance!

MARGUERITE   Ipi moé? Bonneau ça pourrait perdre son magasin, mais moé ça pourrait perdre mon mari! Pourquoi ça m'a pas d'mandé avant?

PASCAL	Demander? Je n'y voyais pas une question de permission, Madame Riel! Je savais fort bien que vous vouliez le voir. Et puis on ne m'a pas donné le choix!
MARGUERITE	Mais attaquer la prison que Louis ça l'est dedans! Ça l'est pas facile, ça! Ça l'a besoin d'un bon plan… ipi des bons soldats!
PASCAL	On a ça!... Et plus encore! On a…
MARGUERITE	Ipi ça l'est dangereux!
PASCAL	Il y a toujours un certain risque, mais mes hommes sont prêts à y faire face.
MARGUERITE	Ipi pour Louis, ça l'est dangereux?
PASCAL	C'est ce que j'essayais de vous expliquer! On a tout mis en place pour qu'il n'y ait pas de risque pour Louis! Même Dewdney nous aide!
MARGUERITE	Ça l'est-i un bon plan, Missieu Bonneau? Ça peut-i garantir?
PASCAL	Écoutez, dans ce genre d'entreprise on ne peut pas toujours...
MARGUERITE	Mais ça faut garantir que Louis ça va êt'e correct!
PASCAL	On a réduit le nombre de gardes ce soir!
MARGUERITE	À soir? Ça va faire ça à soir?
PASCAL	*(Un temps.)* Oui. C'est ce soir.

MARGUERITE	J'va voir Louis à soir? *(Un temps. Pascal ne répond pas)* J'va voir mon Louis à soir, hein, Missieu Bonneau?
PASCAL	Écoutez, Madame Riel, je ne vous ai pas encore tout expliqué... Vous devriez... je vous prie, assoyez-vous.
MARGUERITE	Pourquoi j'va pas l'voir à soir?
PASCAL	Parce que...
MARGUERITE	Si ça sort Louis d'la prison à soir, j'veux voir mon Louis à soir! Pourquoi on l'amène pas icitte?
PASCAL	Parce que... Bien, je ne peux pas le ramener ici ce soir... Parce que ça, ce serait trop risqué!
MARGUERITE	Risqué?
PASCAL	Oui, dangereux même!
MARGUERITE	Pour qui?... Pour Louis, ouben pour vous?
PASCAL	Pour Louis, bien sûr! Vous vous imaginez ce qu'ils pourraient lui faire s'ils le trouvaient ici après qu'il se soit échappé de leur prison?... Et oui, c'est risqué pour moi aussi. Je perdrais tout si on m'associait à son évasion! Et c'est même dangereux pour vous.
MARGUERITE	J'ai pas peur!
PASCAL	Vous devriez avoir peur...
MARGUERITE	J'veux...

PASCAL   …pour lui.

MARGUERITE   Louis non plus ça l'a pas peur! Louis, ça l'est un chef!

PASCAL   Un chef!

MARGUERITE   Ipi, ça l'est mon mari. Louis ça voudrait venir me voir!

PASCAL   C'est pas parce que c'est un chef qu'il faut lui laisser faire d'autres folies!

MARGUERITE   Missieu Bonneau!

PASCAL   Des chefs! Dieu sait que Dumont et… et compagnie en ont déjà assez fait avec leur bataille! Ils l'ont perdu, leur bataille! Est-ce que ça aidé les Métis?

MARGUERITE   Louis, ça va encore essayer!…

PASCAL   Mais, on n'a pas besoin de mettre d'autre monde… toi et puis le petit… en danger! Et puis moi non plus, j'n'ai pas envie de perdre tout ce que j'ai bâti!

MARGUERITE   Pis moé, j'ai déjà perdu tout c'que j'avais à Batoche! *(Ils s'arrêtent et se regardent un instant.)* Louis, ça l'est tout pour moé … ipi j'veux pas l'perdre! Çafaiq si j'peux pas voir Louis à soir, ça l'est pareil comme si j'a tout perdu.

PASCAL	Madame Riel! Vous n'avez pas tout perdu! Vous avez toujours le plus important… vos enfants! Et il y a le petit que vous portez dans votre ventre! Il faut penser à celui-là aussi!... Et puis j'essaie de vous redonner votre mari quand même… et vous l'aurez! Vous le verrez!... Seulement, je ne peux pas vous le ramener ici ce soir.
MARGUERITE	Ça l'amène où d'abord? Ipi, quand c'est que j'va l'voir?
PASCAL	Vous allez le voir bientôt…
MARGUERITE	Quand?
PASCAL	Si tout se déroule selon le plan, ça pourrait être dans… quatre ou cinq jours…
MARGUERITE	Cinq jours!
PASCAL	Bien, je n'sais pas… pas plus qu'une semaine.
MARGUERITE	Ça l'est pas sûr asteure?
PASCAL	Je n'ai pas l'habitude de ce genre d'entreprise, moi… je n'peux pas tout garantir.
MARGUERITE	Éhé! Missieu Bonneau ça l'est pas cartain de son plan!
PASCAL	À vrai dire ce n'est pas mon plan. Je suis seulement un commerçant, moi.
MARGUERITE	Missieu Bonneau ça l'est jusse un commerçant, un traiteur! Mais ça faut pas traiter avec la vie à Louis!

PASCAL   Mais j'ai pleinement confiance en les hommes qui m'aident.

MARGUERITE   Ipi, ça l'est qui ça, Missieu Bonneau?

PASCAL   Des Métis.

MARGUERITE   Des Mitchifs!? Quels Mitchifs?

PASCAL   Des Métis de la Montagne de Bois.

MARGUERITE   Ceuze-là que ça sont pas v'nus aider Louis ipi Gabriel à Batoche!

PASCAL   Ils ne pouvaient pas; le gouvernement les a empêchés.

MARGUERITE   Éhé, ipi asteure le gouvernement ça les paie pour que ça arrête leux frères Mitchifs du Nord si ça les attrape.

PASCAL   Écoutez, la brigade des scouts, c'était un prétexte pour les empêcher d'aller rejoindre Dumont. Mais je ne crois pas qu'ils aient arrêté un seul Métis qui fuyait Batoche.

MARGUERITE   Mais comment ça peut savoir que ça sont pas contre Louis? Ipi, comment ça peut savoir que ça l'ont un bon plan?

PASCAL   Parce que je les connais, ce sont de braves hommes. Ils voulaient se rendre à Batoche…

MARGUERITE   Ça l'ont dit ça à Bonneau?

PASCAL   Oui! Et puis, je les crois! Parce qu'ils ne m'ont jamais menti.

MARGUERITE	Ça sont tedben des bons Mitchifs, mais ça l'ont-i un bon plan? Bonneau, ça l'est jusse un traiteur! Comment ça peut savoir qu'ça l'est un bon plan?
PASCAL	Bien… je crois que c'est le plan de Dumont; alors, je leur fais confiance.
MARGUERITE	Bonneau ça l'a vu Gabriel?
PASCAL	Non, mais quand je suis allé chercher Gaudry… André Gaudry… c'est ce que j'ai compris.

Acte I Scène V - Le complice

Pascal ramasse un sac de cavaliers et se dirige ailleurs sur scène. André Gaudry entre; on est dans son camp.

ANDRÉ	Eh! Missieu Bonneau! Ça l'a trouvé l'camp de scouts à Gaudry! Ça fait honneur à Gaudry que ça vient l'ouère! Bonneau c't'ein ami à Gaudry. *(Il s'avance et lui tend la main.)*
PASCAL	Salut André.
ANDRÉ	Eh! Ipi ça l'é tedben fatigué que ça l'a fait le *trail* jusqu'icitte su' son vieux ch'fal. Çafaiq v'ni vous assir, Missieu Bonneau!
PASCAL	Je ne suis pas trop fatigué, mais le vieux cheval, lui, va bien profiter de ce petit repos et d'un peu de pâturage.
ANDRÉ	Li vieux ch'fal ça peut ben mangi… La prairie, ça l'é pour tout l'monde.

PASCAL	Merci, André. *(Il s'assoit)*

ANDRÉ   Ça l'é-ti v'nu chercher Gaudry pour li travail?

PASCAL   En effet, André, je suis venu vous proposer un autre travail, pour toi et pour quelques hommes.

ANDRÉ   Ben, ça l'sait que Gaudry c't'ein scout asteure ipi ça patrouille la prairie pour attrapi lis rebelles dju Nord. *(Il rit.)* Çafaiq si Bonneau c't'ein rebelle, ben ça l'é dans l'gros troub'e. Passque là, faudrait ben que Gaudry ça l'amène drette à la police. *(Il rit.)*

PASCAL   *(Il rit à son tour.)* Bien, si j'étais un rebelle, comme tu dis, j'vois bien que j'aurais peut-être raison d'avoir peur… Non. Je suis juste venu te voir… pour voir si tu voudrais peut-être faire autre chose.

ANDRÉ   Aut'e chose? Pourquoi cé faire? La paie de scout ça l'é bon ipi l'travail ça l'é pas djur! Eh, ça passe la journée su' son ch'val! Ça peut-i avouèr mieux qu'ça? Ipi quand ça trouve pas d'rebelles… *(petit rire)* passeque ça l'en a pas d'rebelles… ben là, ça fait la chasse au padri ou au chevreux. Cré, ça l'é ben plus facile que faire lis ch'mins pour Bonneau.

PASCAL   Je peux quand même proposer un travail à un ami, et puis on verra ce qu'il veut en faire?

ANDRÉ   Ça peut l'faire. Gaudry ça va écouter à Bonneau, passque Bonneau c't'ein ami. Ipi si c'te travail-là ça l'é mieux qu'la brigade scoute, tedben que Gaudry ça va aller travailler avec

Bonneau. Éhé! Ça va chercher dis hommes ipi ça l'ont va bâtir des chemins à Oscana... tedben. Ipi, si c'te travail-là ça l'é pas bon, tedben qu'lis hommes ça l'ont va continuer à faire lis scouts ipi chasser l'chevreux su l'trail; ça l'ont va prendre d'la viande pour que leue vieille ça fait l'pemmican pour l'hiver.

PASCAL   Très bien. Je te l'explique en premier, et ensuite on pourrait le proposer aux hommes. Mais avant de commencer... (*Il retire une bouteille de son sac et la brandit.*) C'est notre coutume, hein? On prend un p'tit verre, et puis on discute. (*Il retire deux verres et les place sur la caisse.*)

ANDRÉ   Marsi ben, Missieu Bonneau. Mais la brigade ça veut pas que lis scouts ça boé quand ça fait li scout. Ipi Gaudry ça l'sait que si ça boé dju whiskey ça va aller mal la chasse! Tedben qu'ça voé un buffalo... ça pourra ben l'tchirer dans l'tchu quand ça veut l'tchirer dans l'coeur.

PASCAL   Bien si ça n'te fait rien, André, j'pense bien que moi, je vais en prendre un p'tit coup, pour me nettoyer la gorge. Je ne ferai pas la chasse; alors pas de danger de tirer un buffalo dans l'cul. (*Il se verse un petit verre de whiskey, salut l'autre, et le boit d'un trait.*) Aaah!

ANDRÉ   (*Il s'assoit à son tour.*) Ça l'é bon, hein? Ça l'a chassé la poussière?

PASCAL   Ça l'est bon. Puis, ça aide surtout à dégourdir un peu la langue. Ça va aider à expliquer l'affaire.

ANDRÉ	Ça l'é-ti une grosse affaire?
PASCAL	On est seuls ici?
ANDRÉ	Éhé! Gaudry ça l'é tout' seul icitte.
PASCAL	*(Il place la bouteille entre eux.)* On peut parler en confiance.
ANDRÉ	Bonneau ça peut parler. *(André tend la main pour prendre la bouteille, mais Pascal le devance et garde une main sur la bouteille.)*
PASCAL	Disons d'abord que c'est le gouverneur Dewdney lui-même qui m'a demandé de faire ce travail.
ANDRÉ **PASCAL**	Dewdney! Abain! Ça l'é eine grosse affaire! C'est certainement trop gros pour moi tout seul…
ANDRÉ	Çafaiq, Dewdney ça l'a demandé une grosse affaire à Bonneau pareil comme ça l'a fait la grosse affaire avec Jean-Louis.
PASCAL	Quoi? Dewdney a demandé?… *(Il lâche la bouteille, et André en profite pour se verser un verre.)* Je croyais que c'est Légaré qui avait suggéré les scouts…
ANDRÉ	Ipi ça va pas changer pour la paie *(Il boit.)*… passeque ça l'é déjà Dewdney qu'ça donne l'argent à la brigade pour qu'ça paie Gaudry. *(Il rit.)*

PASCAL	Je ne sais pas si la paie sera la même, mais il a promis de bien payer. On a besoin de bons hommes à Regina pour…
ANDRÉ	Dewdney, ça l'ont besoin dis Mitchifs à Oscana asteure!? Avec toute lis blancs que ça l'aime pas lis Mitchifs là-bas? Namoya! Ça, Gaudry ça l'cré pas! *(Il se verse un autre verre, et le brandit devant Pascal en se levant.)* Bonneau ça va pas v'nir icitte raconter des sornettes asteure! *(Il boit son verre d'un trait et lui tourne le dos.)*
PASCAL	Attends! Le travail, c'est pas dans la ville, et puis ce n'est pas pour faire des rues non plus.
ANDRÉ	Bonneau ça vas-ti l'djire ça l'é quoi c't'affaire?
PASCAL	Dewdney a reçu un message d'Ottawa… Il paraît que depuis qu'ils ont capturé Riel…
ANDRÉ	Capturé?... Namoya! Gabriel ça l'a djit…
PASCAL	Gabriel? T'as vu Gabriel Dumont?
ANDRÉ	*(Un temps. Il se rapproche un peu pour parler en confiance.)* Éhé! Gabriel, ça l'a arrêté dans l'camp à Gaudry; ça l'ont prit l'thé… ipi ça l'ont djit que Riel ça voulait pas r'tourner dans l'Montana… çafaiq ça s'é rendu au général.
PASCAL	Eh ben!... Et tu ne l'as pas arrêté? Pourtant, Dumont fuyait Batoche; c'est un rebelle

ANDRÉ	Namoya, Missieu Bonneau! *(Sourire.)* Gabriel ça l'é pas ein rebelle! C't'ainqu'ein vieux chasseur de buffalo que ça s'en r'tournait au Dakota.
PASCAL	*(Petit rire.)* J'comprends… Et puis Riel?
ANDRÉ	*(un temps)* Eh! Depuis qu'Riel ça l'é en prison… lis Mitchifs d'la Montagne ça r'grette… ça parle de comment ça l'auront djû alli aider Gabriel Djumont.
PASCAL	Tu sais bien qu'on vous a empêchés…
ANDRÉ	Éhé, mais ça l'ont l'cœur gros; ça l'auront djû alli à Batoche pis s'batt'e avec Djumont ipi Riel ipi lis aut'es Mitchifs là-bas!

Pascal se lève et s'approche, la bouteille en main.

PASCAL	Mais on pourrait encore faire quelque chose… pour aider Riel.
ANDRÉ	Éhé! Lis Mitchifs ça vont tedben faire quequ'chose.
PASCAL	*(Il lui verse un verre.)* Vous pensez peut-être aller le chercher, Riel, le sortir de la prison?
ANDRÉ	Gabriel ça l'ont tedben un plan. *(Il prend une gorgée de whiskey.)* Gabriel ça von tedben r'venir dju Dakota, avec dis fusils, ipi là lis Mitchifs ça vont alli chercher Riel dans sa prison ipi l'amener dans l'Montana. *(Une gorgée pour finir le verre.)* Tedben.
PASCAL	C'est peut-être un bon plan. Mais…

ANDRÉ	Éhé, Gabriel ça l'ont un bon plan... tedben.
PASCAL	Mais... peut-être que si vous attendez pour Dumont... ça sera trop tard... peut-être.
ANDRÉ	Bonneau ça sait-i tedben quequ'chose que Gaudry ça sait pas?
PASCAL	Pour l'instant Riel est dans la prison de la Police montée, à quatre milles de Regina. Mais Dewdney est en train de construire une nouvelle prison au centre de la ville. Riel va se retrouver là dans moins de deux semaines. Et là ça sera beaucoup plus difficile, même pour Gabriel Dumont, d'aller le chercher. Y'a trop de monde en ville; Riel sera trop bien gardé.
ANDRÉ	Ça l'ont va avoir trop d'polices à Oskana?
PASCAL	Et ils auront des meilleurs fusils que les Métis, et des canons! Ça serait un massacre...
ANDRÉ	Cré! Lis Mitchifs ça vont pas alli faire comme le buffalo épeuré qu'ça saute dans l'buffalo jump où c'é qu'lis canons ça l'attend pour li massacri!
PASCAL	Mais on pourrait peut-être aller chercher Riel, le sortir de la prison... sans risque, sans qu'il y ait de massacre... (*Il retourne s'asseoir et place la bouteille sur la caisse.*) si les Métis écoutent ce que j'ai à proposer.
ANDRÉ	Ça l'é bon. Bonneau ça va parler ipi Gaudry ça va l'écouti. (*Il vient s'asseoir aussi et place son verre sur la caisse.*)

PASCAL	Bien... Comme je disais, c'est Dewdney lui-même qui me demande ça. *(Un temps.)* Il a besoin de trouver quelqu'un qui peut faire sortir Riel sans que ça paraisse que c'est le gouvernement qui le veut.
ANDRÉ	Ipi Dewdney ça l'a demandi à Bonneau d'faire ça!?

Pascal fait signe que oui en versant du whiskey lentement dans les deux verres.

ANDRÉ	Éhé, ça l'a demandi…
PASCAL	Il faut que je fasse sortir Riel de prison avant son procès… et la seule façon que je pourrais faire ça c'est avec l'aide de mes amis les Métis. *(Il donne le verre à André.)* On verra ce qu'on peut faire… ensemble.

Il lève son verre pour saluer André; celui-ci l'imite, et ils boivent ensemble.

ANDRÉ	*(Il rit.)* Çafaiq Dewdney, ça veut qu'lis Mitchifs ça font la guerre cont'e sa police. Aben!...
PASCAL	Pas la guerre, André. Juste sortir Riel de la prison, et le conduire en lieu sûr.
ANDRÉ	Avec li plan à Gabriel, tedben.
PASCAL	Alors, on va le faire?
ANDRÉ	*(Un temps.)* Éhé! *(Il remet son verre sur la caisse, et se met à arpenter et gesticuler avec*

enthousiasme.) Ça vont placer des bons ch'faux à toués djix milles ent'e Oscana ipi l'Montana. Gaudry ça l'ont lis meilleurs ch'faux! Ça l'on des ch'faux d'course… Béddick, ça l'é l'ch'fal le plusse vite dans l'territoire!

PASCAL   Excellent! Et on aura besoin d'une douzaine de tes meilleurs hommes. *(Il lui met la main sur l'épaule et les deux se dirigent vers l'arrière de la scène.)*

ANDRÉ   Éhé!

André sort. L'action revient au magasin.

Acte I Scène VI — Le Montana

PASCAL   Je crois que c'est un bon plan. Vous allez le voir bientôt votre mari… vous irez le rejoindre au Montana.

MARGUERITE   Au Montana?

PASCAL   Il ne serait pas en sûreté ici, ni ailleurs au Canada.

MARGUERITE   Mais Louis, ça veut pas r'tourner là-bas!

PASCAL   Ça sera mieux pour lui… et pour vous.

MARGUERITE   Y'a rien pour nous aut'es là-bas!

PASCAL   Y'a rien pour vous ici s'il reste en prison! Vous ne voyez donc pas ça?

MARGUERITE Louis ça l'a encore sa mission…

PASCAL Sa mission?... Bien, il faudra qu'il reprenne sa mission au Montana.

MARGUERITE Ça peut pas parlementer pour les Mitchifs quand ça l'est au Montana!

PASCAL Bien, ça peut pas parlementer pour les Métis quand ça l'est en prison à Regina non plus!

MARGUERITE Éhé, ça peut essayer. Louis, ça veut essayer…

PASCAL Ça ne donnerait rien, parce que ça prend deux parties pour négocier.

MARGUERITE Louis ça va parlementer avec Dewdney!

PASCAL Écoute, Dewdney est en train de faire construire une nouvelle prison et un nouveau tribunal, une cour, juste pour le procès de Riel. Croyez-vous qu'il ferait ça s'il avait l'intention de négocier?... Et puis, votre mari sera certainement accusé de trahison; Dewdney ne se permettra pas d'être vu à négocier avec un traître.

MARGUERITE Louis ça l'est pas un traître! Ça l'a toujours fait la bonne chose… Louis ça l'a tout fait pour aider son peuple, pour défende leux terres ipi leux vie… le peuple mitchif, ça l'est un peuple canadien, ça l'a des droits itou…

PASCAL Je le sais…

MARGUERITE   Louis ça l'a fait des pétitions pour leux droits… ipi pour les droits des Français itou, Missieu Bonneau!... Ça sont pas des actes de traître ça!

PASCAL   Malheureusement c'est comme ça la guerre, Madame Riel. Ils ont capturé un chef métis, et ils vont l'accuser de trahison…

MARGUERITE   Ipi ça l'ont pas capturé Louis!

PASCAL   Ce que je veux dire c'est qu'ils tiennent maintenant un chef métis en prison, et ils vont vouloir faire un exemple de lui.

MARGUERITE   Un exemple?...

PASCAL   Un procès public, et puis… Mais, ça ne va pas arriver à ça, parce qu'on va le faire sortir de prison; on va te le rendre, votre mari! *(Un temps.)* On va te le rendre sain et sauf.

MARGUERITE   Au Montana.

PASCAL   De toute façon, ce n'est pas Dewdney qui a décidé ça. C'est le premier ministre Macdonald qui veut qu'on sorte Louis…

MARGUERITE   Macdonald veut ça?

PASCAL   Oui. Selon Dewdney, c'est le premier ministre lui-même...

MARGUERITE   Attends, Missieu Bonneau! Vous pouvez pas faire ça! Namoya! Faut pas sortir Louis d'la prison asteure!

PASCAL	Quoi? Je croyais que vous vouliez le voir.
MARGUERITE	Pas comme ça, Missieu Bonneau!
PASCAL	Le voir en liberté ça serait quand même mieux que...
MARGUERITE	Vous comprenez pas! Si Louis ça savait que c'est Macdonald qui veut ça... Louis ça f'rait tout pour aller contre Macdonald... Ça font quinze ans! Missieu Bonneau... Ça font quinze ans que Louis ça s'bat avec Macdonald pour les Mitchifs! Macdonald, ça l'a toujours r'fusé d'écouter à Louis. Ça l'est devenu son pire ennemi! C'est lui que ça l'a chassé Louis au Montana une fois. Asteure que Louis, ça l'a accepté de s'rendre au général Middleton pour parlementer avec Dewdney... ben, si ça savait que c'est Macdonald qui veut le sortir d'la prison, ça voudrait pas sortir! Ipi, jamais ça voudrait que Macdonald ça le chasse au Montana une aut'e fois!
PASCAL	On ne peut pas faire autrement.
MARGUERITE	Mais faut faire quequ'chose! Bonneau, ça peut arrêter ça. Faut arrêter ça!
PASCAL	Asteure que tout le monde veut voir Riel sortir de prison... les Canadiens français dans l'Est, les Libéraux à Ottawa, les Métis et même le Premier ministre!.. asteure vous... vous ne voulez plus? La femme de Riel ne veut pas le voir sortir de prison?

MARGUERITE	Quand ça l'est la même personne que ça l'était son ennemi avant ipi qui veut le faire sortir asteure... ben là Missieu Bonneau, la femme de Riel ça l'a pu confiance ipi ça veut que Bonneau ça l'arrête l'affaire!
PASCAL	Madame Riel!
MARGUERITE	Tout d'suite!
PASCAL	J'ai bien peur qu'à l'heure qu'il est, c'est trop tard pour l'arrêter. En ce moment même, mes hommes se préparent à prendre d'assaut la prison! *(Marguerite s'assoit; un temps.)* Mais ne vous inquiétez pas, mes hommes sont habiles... Ils vont libérer Riel. Puis ils vont le conduire jusqu'au Montana.
MARGUERITE	Mais ça comprend pas!... Ça va l'briser l'cœur à Louis si ça va l'chasser au Montana encore...
PASCAL	On ne le chasse pas... on le conduit en lieu sûr, c'est tout!
MARGUERITE	Pauvre Louis, ça l'a personne qui t'comprend...
PASCAL	Vous allez voir, ça va bien marcher; mes hommes sont bien organisés; ils connaissent le pays et même si la police les poursuivait, elle ne les rattraperait pas. *(Un temps.)* On lui expliquera que sa famille, toi et tes enfants... vous serez protégés et escortés pour le rejoindre là-bas. Entre-temps...
MARGUERITE	Çafaiq...

PASCAL	On va te conduire à Qu'Appelle pour prendre le train là-bas, parce qu'ici…
MARGUERITE	Çafaiq, toute ça!... toute ça, ça l'était pour rien!... Toutes ces années-là à attendre dans l'Montana. Toute c'te travail que Louis ça l'a fait à Batoche… pour les Mitchifs… pour qu'ça garde leux terres! Quoi c'est qui va arriver aux Mitchifs asteure?
PASCAL	Les Métis vont continuer…
MARGUERITE	Les Anglais ça vont v'nir prendre toutes les terres mitchifs.
PASCAL	Mais non! C'est pas ça qu'il a dit…
MARGUERITE	Éhé! Comme ça l'ont fait à la Rivière Rouge! Ça l'ont chassé les Mitchifs, ipi ça l'ont pris leux terres; ipi asteure ça l'ont chassé les Mitchifs de Batoche itou!
PASCAL	Les Métis auront toujours leur place.
MARGUERITE	Batoche ça l'était not'e place, Missieu Bonneau!
PASCAL	La Montagne de Bois c'est encore une bonne place pour les Métis.
MARGUERITE	La Montagne ça l'est juste ein gros camp d'chasse pour le buffalo! Mais asteure y'a pus d'buffalo!
PASCAL	C'est plus que ça quand même. Je l'sais; je l'ai vu. Y'a de bonnes familles métisses établies là-bas. Ils ont des ranchs maintenant;

les chevaux, le bétail, ça peut bien marcher ça aussi. Si je n'avais pas la responsabilité de ce magasin, c'est là que je serais, moi aussi... avec mon fils aîné... lui aussi, il a un bon ranch là-bas.

MARGUERITE   Ipi, ça l'a pas d'rivière dans la Montagne.

PASCAL   Une rivière? C'est pas absolument nécessaire; ici, à Regina, y'a pas...

MARGUERITE   Éhé! Ça l'est nécessaire! Une rivière qui coule, ça l'est comme le sang des Mitchifs. La rivière à Batoche, ça l'était la vie, ça.

PASCAL   La vie c'est plus que ça quand même! Il faut garder confiance, Madame Riel. Les Métis seront toujours là.

MARGUERITE   Mais, nous aut'es, ça vont êt'e dans l'Montana!...

PASCAL   Et vous serez vivants au Montana! Vous, votre Louis et vos enfants. Ensembles!

MARGUERITE   Ça l'est-y pour ça qu'Louis ipi Gabriel ça s'ont battus icitte? Ça l'est-y pour que c'te p'tchit ça trempe ses mocassins einque dans les criques du Montana? Pour que ça r'tourne là-bas pour viv'e comme des misérab'es que ça l'a einq'une pt'chite chamb'e derrière l'presbytère pour toute sa famille? Que ça d'mande la charité à toué jours pour nourrir ses pt'chits? Namoya! Missieu Bonneau! Namoya! Louis ipi Gabriel ça l'ont pas fait la bataille à Batoche pour ça! Le Montana ça l'est pas une terre mitchif!

PASCAL Le Montana c'est…

MARGUERITE Ça l'est pas Batoche!.. Batoche ça l'était not'e place, Missieu Bonneau! Ça l'était not'e place. *(Un temps.)* Batoche… ça l'était beau… Le pt'chit village mitchif couché dans l'bas-fond su l'bord d'la rivière… ça l'était vraiment beau là-bas!… Not'e maison ça l'était là… not'e première maison, à moi ipi Louis, ça l'était là… ça l'était tranquille ipi ça l'était joyeux… ça se sentait riche passque ça l'était à nous-aut'es… Ça l'étaient toutes riches à Batoche… Ipi, ça l'avait pas besoin de bouger, de changer d'camp; ça vivait dans une vraie maison, dans un vrai village, dans un village mitchif…Ça l'était tellement ben là-bas!… Ça l'était ben quand ça tenait les mains des p'tchits ipi ça savait que ça l'étaient contents eux-aut'es itou… Ipi quand ça montait la côte pour aller à l'église, ça l'était comme monter vers le ciel… le soleil que ça brillait ipi la brise que ça cajolait nos joues… les oiseaux que ça nous appelaient avec leux chants, ipi les aigles que ça planaient au-dessus de nous-aut'es comme si ça l'étaient des anges… Ipi la terre que ça sentait bon, ça l'était douce… quand ça marchait dans nos mocassins, la terre de Batoche ça caressait nos pieds… Ça l'était bon, ça… Ipi en haut d'la côte, ça savait que ça l'était au ciel, passeque ça pouvait voir loin, voir toute… la rivière ipi la forêt que ça l'est de l'aut'e côté… ça pouvait voir toutes les terres autour que ça l'avaient des familles Mitchifs qui vivaient là… Ça pouvait voir jusqu'au tournant, où ça l'était la maison à Madeleine ipi Gabriel… ipi là-bas c'était comme si la rivière ça sortait d'leur maison pour couler à Batoche... Ça l'était beau ça... Ipi, quand le vent ça chantait dans le foin ipi dans les tremb'es, ça pouvait entend'e des voix mitchifs, passque le vent ça l'avait toujours passé sur une terre mitchif avant d'arriver à Batoche... Éhé, ça l'était beau Batoche. Ça l'était not'e place...

PASCAL *(Un temps.)* Vous avez raison, Madame Riel; Batoche c'était beau... mais ça l'est plus.

MARGUERITE Batoche, ça pourrait l'être encore...

PASCAL Batoche c'est le passé. Le passé c'est une terre qu'on peut voir de loin, mais où on ne va plus. *(Un temps.)* La Montagne de Bois ça pourrait devenir comme...

MARGUERITE Namoya, Missieu Bonneau. Pas comme Batoche!

PASCAL Bien pourquoi pas; y'a des bonnes familles Métis...

MARGUERITE Ça l'ont toudben encore des Mitchifs dans la Montagne de Bois, mais... mais les chefs Mitchifs eux-aut'es, ça vont êt'e chassés au Montana!

PASCAL Les chefs!?

MARGUERITE Les chefs ça pourront pus parlementer!... Louis ça l'a besoin de parlementer.

PASCAL Ben, peut-être que les chefs métis auraient dû faire autrement! Peut-être que les chefs métis auraient dû penser au peuple métis avant d'agir!... *(Indiquant le ventre de Marguerite.)* Peut-être que les chefs auraient pu penser à ce petit-là avant!...

MARGUERITE   Les chefs!... *(Un temps.)* J'vous écoute, Missieu Bonneau.

PASCAL   Bon...

MARGUERITE   J'comprends que quand ça parle des Mitchifs, les paroles sont bonnes.

PASCAL   Bien, les Métis sont des amis.

MARGUERITE   Mais quand ça parle des chefs mitchifs, de Louis ipi de Gabriel, je sens que ça cache c'que ça l'a dans l'cœur.

PASCAL   Je ne connais pas vraiment votre mari, et je ne connais pas Dumont, mais…

MARGUERITE   Mais ça les juge!

PASCAL   Je ne les juge pas!

MARGUERITE   Bonneau ça juge leux actions!

PASCAL   Je… *(se détourne.)* …peut-être.

MARGUERITE   Comment qu'ça peut juger leux actions? Ça l'a pas marché dans leux mocassins.

PASCAL   Je sais de quoi je parle, Madame Riel!

MARGUERITE   Bonneau ça l'sait pas!

PASCAL   Je sais que la bataille c'était... ça n'aurait jamais dû arriver à ça!

MARGUERITE   Ça l'sait pas! Ça l'a pas marché dans leux mocassins à Louis ipi Gabriel!

PASCAL   Mais les sabots d'mon père ont suivi le même chemin! *(Un respire.)* Je l'sais parce que mon père a vécu la même histoire... le même genre de conflit, même genre de bataille, même genre de bêtise! *(Un temps.)*

MARGUERITE   Ça pouvait pas êt'e pareil.

PASCAL   Écoutez, les Métis ne sont pas le premier peuple qu'on a écrasé dans ce pays-ci! Les Canayens aussi! En 37, au Bas-Canada, les Canayens... les Français... ils en arrachaient, tout comme les Métis à Batoche.

MARGUERITE   Les Anglais ça voulaient prende leux terres itou?

PASCAL   Le problème, ce n'était pas les terres; c'était une question de pouvoir décider pour eux-mêmes. Mais les Anglais contrôlaient tout; et puis les Français n'étaient même pas maîtres chez eux. C'était... Écoute, Riel a bien formé un gouvernement provisoire dans le Manitoba, parce qu'Ottawa ignorait leurs demandes... parce qu'Ottawa contrôlait tout!... Bien en 37 les Canayens voulaient la même chose. *(Un temps.)* Le gouverneur anglais ignorait toujours les demandes des Canayens. Alors Papineau... c'était le chef du parti des Patriotes... Papineau a envoyé une pétition au parlement à Londres pour demander toute une série de réformes pour aider les Canayens.\

MARGUERITE	Comme Louis ça l'a fait pour les Mitchifs…
PASCAL	Exactement…
MARGUERITE	Ipi le gouvernement ça l'a pas répondu non plus?
PASCAL	Au contraire, il a répondu… en donnant plus de pouvoirs encore au gouverneur! Alors Papineau, comme un bon chef, a organisé des assemblées populaires pour trouver des façons de mettre de la pression sur le gouvernement. Le gouverneur, lui, en voyant ça, pensait que les Canayens organisaient une révolte! Il a proclamé la loi martiale, et il a envoyé des soldats pour mettre des chefs patriotes en prison.
MARGUERITE	Ça l'était pas juste, ça! Quoi c'est qu'ça l'a fait Papineau?
PASCAL	Les Canayens n'avaient pas de choix; ils ont réagi…
MARGUERITE	…comme les Mitchifs…
PASCAL	Peut-être!... Quelques-uns, des têtes échauffées, ont décidé de prendre des fusils pour aller libérer leurs chefs.
MARGUERITE	Éhé…
PASCAL	Mais, comme les Métis, ils ne comprenaient pas que prendre des armes contre le gouvernement, ça mettait la justice du côté du gouvernement! *(Un temps.)* Le gouverneur avait toutes les raisons pour dire que les

Canayens avaient commencé une révolte; alors il a envoyé 500 hommes armés pour démanteler le camp des Patriotes. Bien, les Patriotes ont résisté...

MARGUERITE Comme les Métis à la Coulée à Tourond...

PASCAL C'était leur seule victoire... Le gouverneur avait encore plus d'hommes et plus de fusils... toujours plus d'hommes et de fusils. Il en a envoyé 1500 cette fois et les Patriotes ont été écrasés... comme à Batoche. *(Un temps)* Mon père, lui, portait un fusil dans la troupe de Papineau... Et puis ça n'a rien donné... Quand on parle au gouvernement avec des fusils, il n'entend rien d'autre! Mais il fait vite entendre ses canons, par exemple! Et le gouvernement est le plus fort... toujours.

MARGUERITE Quoi c'est qu'y est arrivé après... à vot'e père?

PASCAL On a accusé les chefs patriotes de trahison, puis on en a pendu une douzaine... *(Marguerite met ses mains sur son ventre avec une réaction visible d'inquiétude.)*... pour faire l'exemple. Mon père a moisi quelque temps en prison en attendant un bateau de déportation pour l'amener à l'autre bout de la Terre. Mais, on a mis fin aux déportations avant que soit son tour. Entre-temps, il avait bien goûté au fouet des gardes.

MARGUERITE *(Un temps.)* Ça l'a souffert, vot'e mère?

PASCAL Ma mère? Ces événements ont failli la tuer! Mon père en prison, condamné à l'exil, plus

personne pour voir aux besoins de la famille…
quand elle avait le plus besoin de lui!...

MARGUERITE   Ipi vous, Missieu Bonneau?

PASCAL   Moi?... En 37, je n'étais pas encore… *(Un
temps)* Quand je vous vois, Madame Riel,
je ne peux pas m'empêcher de penser à ma
propre mère. En 37, elle était comme vous…
En 37… Moi, j'étais comme le petit dans
votre ventre.

MARGUERITE   *(Un temps.)* Çafaiq.…

PASCAL   Ça fait que je ne veux pas que cette histoire se
répète pour vous et pour le petit! Je ne veux
pas que Louis soit comme mon père. C'est
pour ça que j'essaie de vous le rendre tout de
suite, en lieu sûr. Et puis le Canada n'est plus
un lieu sûr.

MARGUERITE   *(Un temps.)* Namoya, Missieu Bonneau.
Louis ça l'est pas comme vot'e père.

PASCAL   Si vous considérez que ça ne servait à rien
qu'il soit en prison, que ça n'aidait pas ma
mère… ben, oui, il était comme Riel.

MARGUERITE   Mais Louis, ça l'est pas là, en prison, pour
rien! Ça l'est un chef; ipi ça va parlementer…

PASCAL   Bien, une chance mon père n'était pas un
chef! Parce que les chefs ont presque tous
été… *(Un temps.)* Je sais que ça n'a rien
donné… Une chance que, comme vous, ma
mère n'a pas vu les batailles! Elle n'aurait
jamais pu…

MARGUERITE   Ben nous-aut'es, ça l'ont vu la bataille! Ça l'ont entendu la bataille! Ça l'avait pas de choix… la bataille, ça s'est passé dans not'e village!

PASCAL   Quoi? Vous étiez là?

MARGUERITE   Éhé… Ça l'était là.

PASCAL   Vous étiez restées dans le village, dans vos maisons?

MARGUERITE   Ça l'était pas resté dans l'village, Missieu Bonneau, mais ça l'était pas ben loin.

PASCAL   Vous étiez où?

Un temps.

MARGUERITE   Quand les soldats anglais ça l'approchaient, Gabriel ça l'a dit que les femmes, les vieux ipi les p'tchits, ça l'étaient mieux de s'dépêcher ipi se cacher en dehors de Batoche. Çafaiq ça l'a envoyé des hommes pour préparer un camp au nord du village.

PASCAL   Pour ça, il a bien fait…

MARGUERITE   Les familles ça sont parties vite… ça l'ont tout' laissé dans leux maisons.

PASCAL   Vous étiez au moins à l'abri.

MARGUERITE   Ça l'était pas un vrai camp… ça l'étaient pas toutes ensemble… ipi, ça l'avaient pas d'tentes itou. Les hommes ça l'avaient fait vite; çafaiq le camp ça l'était juste des trous creusés dans l'bois ipi dans l'bord d'la rivière;

des trous couverts de peaux ipi de couvartes. C'est là que ça c'est caché les familles... dans des trous! Comme des bizaines que ça l'avaient peur du faucon.

PASCAL Ça ne devait pas être très gai...

MARGUERITE Ça l'était pas toué familles que ça l'étaient là; la Madeleine Dumont, ipi queques'autres femmes itou, ça l'avaient resté dans l'village.

PASCAL Quoi?

MARGUERITE Ça l'avaient resté pour aider les hommes. Mais Louis... *(Elle porte ses mains à son ventre.)* Louis, ça voulait tellement que ça nous protège; çafaiq j'étais cachée dans un trou avec Jean ipi la p'tchite Marie Angélique.

PASCAL Au moins vous n'étiez pas en danger... vous étiez assez loin...

MARGUERITE Pas assez loin... ça pouvait pas vouèr, mais ça pouvait entendre... Ça l'entendait le clairon des soldats anglais; des coups de clairon pour laisser savouèr aux Mitchifs que ça l'étaient rendus ipi que ça l'étaient plus forts qu'eux-autes! Ça l'entendait les cris d'nos hommes itou... des cris de guerre... pour laisser savouèr aux Anglais que les Mitchifs ça l'étaient forts itou! C'était... C'était comme l'ours ipi le loup qui grognent ipi se montrent les dents quand ça veut toués deux prendre la même carcasse... Ipi, ça savait que ça allait s'batt'e... Quand ça l'a entendu les premiers coups de fusil, ça l'a senti drette dans l'coeur... passque ça l'savait que Louis ça l'était là-bas…passque le loup que ça l'est seul, ça peut pas arracher la prise à l'ours. *(Un temps.)* Ipi, ça s'est battu… Quand les fusils ça sont arrêtés la première fois, ça pouvait entendre les cris de joie des Mitchifs… c'était des cris de victoire! Çafaiq ça l'ont sorti d'nos cachettes pour voir. *(Elle se lève, s'avance et savoure un instant de victoire avant de présenter le spectacle qu'elle voit.)* Là, ça l'ont vu le Northcote qui arrivait sur nous-aut'es… tout d'travers sur la rivière. Les soldats anglais sur l'bateau, ça couraient de toué côtés, tout excités; ça criaient au capitaine pour que ça l'arrête le bateau. Mais l'bateau ça l'arrêtait pas. Ipi là, ça l'a vu queques'un d'nos Mitchifs qui suivaient sur le bord d'la rivière pour empêcher qu'les soldats anglais ça débarquent. Ben le bateau ça l'a passé, ipi les Anglais ça l'ont pas débarqué. Çafaiq les soldats mitchifs, ipi les familles itou, ça criaient passeque ça pensaient que la bataille ça l'était déjà fini; que les Mitchifs ça l'avaient gagné... que les familles ça pouvaient r'tourner dans leux maisons! *(Un temps. Elle retourne lentement vers le centre de la scène.)* Mais Gabriel ipi Louis ça sont v'nus, ipi ça l'ont dit que la bataille ça l'était pas fini, qu'les Anglais ça allaient attaquer encore demain… *(Un temps. Elle s'assoit par terre.)* Çafaiq ça l'a rentré dans not' trou, comme des bizaines, pour la nuit. Mais ça pouvait pas dormir asteure… ça l'écoutait… ça pouvait pas entendre, mais ça savait que l'ours ipi le loup ça se préparaient… Les p'tchits ça l'avaient trop frette; Gabriel ça l'avait dit « pas de feu! »… j'essayais d'les réchauffer cont'e moé… La p'tchite Marie Angélique qu'ça faisait jusse pleurer passque Louis ça l'était pas avec nous-aut'es… passeque ça l'avait faim itou. J'a chanté pour la faire dormir… Hey ya hey! *(Elle fredonne une berceuse cri, une série de « Hey ya hey! » sur un air doux.)*

ENTRACTE

Bonneau et la Bellehumeur

Acte II Scène I — Le rababou

*Marguerite est assise par terre; elle semble dormir, mais on
l'entend fredonner doucement des « Hey ya hey ». Pascal est à
la même place qu'en fin de scène. La musique de « Hey ya hey! »
joue doucement pendant que l'éclairage monte. Puis elle est
interrompue par le son d'une mitraillette. Pascal ne l'entend pas,
mais Marguerite sursaute. Elle se lève pour poursuivre son récit.*

MARGUERITE   Quand ça s'est réveillée, ça l'entendait des
fusils!.. Beaucoup de fusils!... Ça l'entendait
tellement de coups de fusils que ça pensait
qu'les Anglais ça l'avaient dix fois plus
de soldats asteure ipi qu'ça tiraient tout en
même temps!... C'était le Gatling gun …le
rababou… que ça tirait tellement de balles!
Tellement vite! Ça l'arrêtait pas! Ça pouvait
pas comprendre… Ipi ça l'entendait pu les
cris des hommes, passque le rababou… ça
l'arrêtait pas… (Un temps.) Ipi les canons!
Ça l'a commencé à tchirer avec les canons!
Les enfants, ça l'étaient effrayés; ça l'avaient
jamais entendu l'tonnerre comme ça!
Namoya! Ça l'était pire que l'tonnerre!...
J'tiendais Marie Angélique serrée cont'e
moi… le p'tchit Jean ça voulait faire le brave,
mais quand ça l'entendait l'canon, ça r'venait
courir dans mes bras itou… Ça cachaient leu
visage passeque ça voulaient pas voir… mais
moi, j'pouvais… Aie!.. Encore le rababou!..
Éhé! J'avais peur itou!... Peur pour Louis…
Peur pour nos hommes, passeque ça l'entendait
pu les cris d'guerre... Ipi, j'avais peur pour les
aut'es femmes que c'taient restées dans leu
maison dans Batoche… passequ'asteure ça

pouvait voir la fumée au-dessus du village!..
J'a prié pour les femmes que ç'allaient perdre
leu mari ouben leu fils… pour ceuses-là
qu'avaient perdu leur maison… J'a prié que
c'était pas not'e maison qu'ça brûlait!.. Ipi,
j'a prié pour Louis… j'a essayé de prier…
mais j'savais pu à qui prier! L'ours ipi le loup
ça l'ont-i pas l'même Dieu!? *(Un temps.)*
Marie Boyer!... Marie Boyer, qu'avait perdu
son mari à la Coulée à Tourond, ça l'est v'nue
me quérir pour aller au village. « J'veux pas
aller au village! J'peux pas laisser les enfants!
Ipi, Louis ça l'a dit qu'il faut pas aller!... »
(Un petit temps.) Mais fallait aller… ça l'est
Madeleine qui demandait… Passque y'avait
des hommes blessés; ipi Gabriel ça voyait
déjà qu'les Mitchifs ça l'avaient pas assez
de munitions; çafaiq ça l'avait demandé aux
femmes d'en faire. « Faut trouver du plomb
pour faire des balles… des plats, des cuillers,
des chandeliers, tout ce que ça peut faire
fondre! »… Éhé, les Anglais ça l'avaient
le rababou que ça l'arrêtait pas… ipi les
Mitchifs ça faisaient fondre des cuillers ipi ça
ramassaient des clous pour faire des balles.
(Un temps) J'a embrassé les p'tchits, ipi j'a
suivie Marie jusqu'au village. Pour un bout
d'temps, ça l'était tout tranquille… comme si
les deux camps … comme si l'ours ipi le loup
ça se r'posaient. Çafaiq ça l'a profité pour
faire not' travail. J'avais fouillé la maison à
Marie-Anne Parenteau; ipi là j'avais trouvé
des bonnes cuillers… Madeleine ça va êt'e
contente!.. Jusse quand j'sortais d'la maison…
le rababou!.. ça l'a r'commencé!.. le rababou
ipi les fusils mitchifs... ipi encore le rababou!
J'a couru vers la maison à Fidler… J'a jusse

fermé la porte, ipi… Aaiiee! Le tonnerre! Ça l'a cassé les fenêtres, ipi ça m'a jetée à terre. J'savais pus oùsque j'étais; j'pensais que j'avais mouru ipi que c'était l'enfer… Aie!... Encore des coups d'fusil!... Asteure c'tait pire que l'enfer parce qu'asteure j'pensais que les Anglais ça l'étaient rendus… que ça allait… que l'ours ça allait m'attraper!.. Non!! J'voulais partir!... j'voulais… « Louis!... Louis!... Louis! »… j'voulais courir!... mais j'pouvais pas… « Non! »...

(Pascal entame un mouvement vers Marguerite; mais il s'arrête quand celle-ci reprend son récit.)

MARGUERITE   Ipi, j'a entendu des voix dehors… des voix de femme… « Madeleine! » Ça l'était Madeleine… la Madeleine qui criait « Goddam les Anglais! ». J'entendais Madeleine, ipi ça m'a donné l'courage… passeque ça l'a pas peur de l'ours celle-là… J'a sorti pour aller courir dans ses bras!... « Madeleine!.. Ma… » *(Un temps)* « Ma… madame Champagne… » J'a vu madame Champagne… ipi… ipi Madeleine que ça tiendait la p'tchite Champagne… la p'tchite que ça l'était plein d'sang et qu'ça bougeait pas!... *(Pour elle-même.)* Goddam les Anglais!

PASCAL   *(Un temps.)* Le canon?

MARGUERITE   *(Un temps.)* Le rababou… Le rababou ça l'a pas tué un seul soldat mitchif, mais ça l'avait tué la pauvre p'tchite Champagne[1]. J'a vu Madeleine que ça tiendait la p'tchite que ça

---

1   Selon les notes du soldat Walter F. Stewart, la petite s'appelait Marcile Gratton; elle avait dix ans. L'auteur en a pris connaissance seulement après le début de la production. Le nom Champagne a donc été conservé dans le texte.

l'était morte, ipi moi j'essayais de tiendre c'te p'tchit icitte passque j'avais peur... ipi, j'voyais madame Champagne que ça faisait pareil comme moi... ça tiendait son ventre, comme si sa p'tchite ça l'était encore là!... J'a tourné passeque j'voulais pu voir... mais j'voyais... la maison à Parenteau que ça brûlait... d'aut'es maisons avec des vitres cassées... d'aut'es trous de bombe!.. J'voyais que les maisons ça l'étaient toutes vides asteure... qu'le village ça l'était vide ... vide comme le cœur ipi le ventre de madame Champagne... J'a couru jusqu'au camp, ipi j'a serré la p'tchite Marie-Angélique dans mes bras!... Je l'a bercée jusqu'à ce que ça s'endort... Hey ya hey...

PASCAL   Pauvre petite...

(Un temps.)

MARGUERITE   Louis ça l'est v'nu, ipi ça l'a changé not'e camp; ça nous a amené l'aut'e côté d'la rivière, pour se cacher dans la forêt... Mais, c'était pas mieux ... Ça pouvait encore voir la fumée au-dessus de Batoche ... ça pouvait encore entende les canons ipi... encore le rababou... Ipi c'était jusse un aut'e trou où c'est qu'les enfants ça l'avaient encore froid ipi faim... Ça pouvait voir plusse de fumée asteure... ipi ça voyait plusse de femmes avec leux p'tchits qu'ça pleuraient en courant pour fuir Batoche... Elizabeth Vandal... Agathe Fleury... Henriette Poitras... Mélanie Nault...Josephte Venne... Angélique Trottier... Amélie Fisher... *(Un temps.)* La bataille ça l'a duré trois jours... Après, ça l'est allée plus loin, attende dans un aut'e trou. Ça pouvait pu voir asteure, mais ça savait que Batoche ça l'était pu... Batoche.

PASCAL   *(Un temps.)* Je... Je suis désolé, Madame Riel...

MARGUERITE   Batoche, ça l'était tellement beau avant!... Ça l'avaient été tellement heureux à Batoche!..

PASCAL   Vous avez trop souffert à Batoche.

MARGUERITE   Toudben... mais Batoche, ça l'était not'e village!

PASCAL   Mais là, vous avez perdu Batoche! C'est pour ça qu'il faut...

MARGUERITE   Namoya, Missieu Bonneau! Faut qu'Louis ça reste! C'est pour ça que ça veut parlementer avec Dewdney! Louis ça veut reprendre Batoche!

PASCAL   Reprendre Batoche! Mais c'est de la folie, ça!

MARGUERITE   Ça l'est du courage, ça, Missieu Bonneau!

PASCAL   C'est du courage que d'aller se jeter dans la prison de l'ennemi!...

MARGUERITE   *(Elle s'avance vers Pascal.)* Madeleine ça l'a dit que l'courage ça l'est comme le loup. Quand le loup ça l'est coincé, ipi qu'ça l'a peur... ben cré!... ça nous mont' ses dents ipi sa peur ça d'vient d'la rage, ipi le loup ça fonce drette sur nous aut'. Madeleine ça l'a dit qu'c'est comme ça les Mitchifs! La souris quand ça l'a peur, ça reste là… pis ça tremb'!… pis ça t'laisse l'écraser!… Les Mitchifs, ça l'est pas des souris!…

PASCAL (*Un temps.*) Mais un loup ça peut bien courir aussi! Comme Dumont…

MARGUERITE Gabriel ça l'a toudben couru comme un loup; ça veut toudben s'battre encore. Mais Gabriel… ben ça comprend pas que Louis, ça l'a fait comme le loup itou! Ça l'a foncé tout d'suite! Ça l'a toudben pas des dents pour mordre l'ennemi, mais ses mots… ses mots ça sont ses dents! Louis ça sait comment parlementer… même que ça l'est en prison! Louis ça l'a pas peur de la prison!

PASCAL Mais il devrait avoir peur de celui qui le tient prisonnier!

MARGUERITE Les Mitchifs ça vont rebâtir Batoche à Batoche! Çafaiq y faut qu'Louis ça reste pour ça!

On entend le son du Gatling gun; les deux figent.

PASCAL C'est quoi ça?

On l'entend une deuxième fois.

MARGUERITE Le rababou!

PASCAL Quoi?

On l'entend une troisième fois.

MARGUERITE   Éhé! Le Gatling gun!

PASCAL   *(Se précipitant vers la fenêtre.)* Ça s'peut pas!

MARGUERITE   Ça l'a déjà entendu ça... *(Elle met ses mains sur son ventre.)* Çafaiq ça l'sait!

PASCAL   Mais tout le monde est à l'assemblée!

Le son du Gatling gun se fait un peu plus soutenu cette fois-ci. Marguerite s'assoit, les mains sur le ventre.

MARGUERITE   Éhé! Ça, c'est le rababou![2]

———— ⚙️ ————

Acte II Scène II - Parole d'honneur

Marguerite est assise; elle se berce lentement, les mains sur le ventre comme si elle cherchait à tenir l'enfant qu'elle porte. Elle fredonne nerveusement des « Hey ya hey ». Pascal va à la porte; il scrute la ruelle cherchant des signes de ses hommes.

PASCAL   Un Gatling gun!? Qu'est-ce que ça peut bien vouloir dire ce soir?

MARGUERITE   Missieu Bonneau...

PASCAL   Ça semblait pourtant assez loin... à l'extérieur de la ville, je pense.

MARGUERITE   Missieu Bonneau! J'ai peur asteure!

PASCAL   Faut pas avoir peur; les coups de fusil, le rababou, je suis certain que ce n'était pas pour nous autres tout ça.

---

2 Lors de la première production de la pièce par La Troupe du Jour en 2009, l'entracte avait été placée à cet endroit.

MARGUERITE J'suis pas certaine…

PASCAL Bien oui! Ça devait être des feux de salve… un salut militaire. Ils font ça des fois… peut-être pour le gouverneur. Il ne faut pas s'alarmer pour ça.

MARGUERITE Missieu Bonneau! J'suis pas certaine que ça va ben aller à soir…

PASCAL Mais comment pouvez-vous dire ça? C'est pas parce qu'on a entendu…

MARGUERITE À cause du p'tchit.

PASCAL Le petit?

MARGUERITE Le p'tchit ça l'sait… le p'tchit ça l'est inquiet.

PASCAL Le petit dans votre ventre?...

MARGUERITE Ça l'sait des choses, Missieu Bonneau. Éhé! Ipi la maman du p'tchit, ça l'sait qu'le p'tchit ça sait des choses.

PASCAL Mais comment pouvez-vous savoir ça?

MARGUERITE Quand le pt'chit ça l'est inquiet, ouben quand ça sait que ça va pas ben, ça l'arrête de bouger…

PASCAL Mais les petits ne peuvent pas bouger tout le temps.

MARGUERITE C'est comme si le pt'chit ça reste tranquille passeque ça veut s'cacher… passque ça l'a peur…

PASCAL	Il me semble que Célina m'aurait dit…
MARGUERITE	La maman ça l'sait quand le p'tchit ça l'est pas ben.
PASCAL	Et puis… ce petit?
MARGUERITE	Éhé! Ça l'est inquiet.
PASCAL	Mais voyons, peut-être qu'il dort tout simplement… Célina m'a souvent dit que les bébés dormaient dans son ventre. Et puis comme je vous voyais le bercer juste là, ça ne me surprendrait pas qu'il se soit endormi.
MARGUERITE	Namoya, Missieu Bonneau. Le p'tchit ça dort pas! Ça l'a arrêté de bouger avant. Ipi c'est pour ça que je le berçais…
PASCAL	Mais peut-être que vous, vous êtes fatiguée; et que c'est pour ça... Je pourrais vous sortir une couverture… J'en ai dans le magasin.
MARGUERITE	Namoya, je suis pas fatiguée!... Le p'tchit ça l'est inquiet passeque ça va pas ben pour quelqu'un… ouben passeque quelqu'un de proche ça l'est inquiet itou.
PASCAL	Mais vous ne pensez pas que son père...
MARGUERITE	Missieu Bonneau ça l'est-y inquiet?
PASCAL	Inquiet?... Euh! Non…
MARGUERITE	Mais vous pensez que c'est trop tard? Vous pensez que ça devrait être fini asteure?

PASCAL   Trop tard?... Non!... Bien, c'est que j'aurais voulu des nouvelles. Mais, je ne sais vraiment pas combien de temps que ça devrait prendre. Je n'ai jamais organisé l'assaut d'une prison avant! Je suis juste un commerçant, moi!

MARGUERITE   Vous pensez que vos hommes ont toudben pas réussi? Vous pensez que Louis...

PASCAL   Non! je n'pense pas ça! Et je ne veux pas que vous pensiez ça non plus. J'ai hâte que ça finisse, c'est tout. Et puis, je suis certain que ça va bien aller. Tout était bien préparé... J'ai confiance en mes hommes.

MARGUERITE   Mais, Missieu Bonneau ça l'est inquiet quand même; ça r'gardait à la fenêtre comme si ça l'est inquiet.

PASCAL   Peut-être un peu... et puis... je suis toujours inquiet pour mon magasin. Mais, ce soir, je crois que ça va bien aller. Et puis, même si je suis un peu nerveux pour ça, ça ne devrait pas déranger le petit.

MARGUERITE   Pas pour ça. Le p'tchit... ça l'a commencé quand Missieu Bonneau ça parlait de son père, ipi de ce missieu...

PASCAL   Papineau?

MARGUERITE   Éhé... quand ça l'a parlé de comment son père à Bonneau ça l'était pas comme Louis passeque Louis ça l'est un chef... ça l'est là que le p'tchit ça l'a arrêté de bouger.

PASCAL   Je ne vois pas le rapport... j'veux dire, je ne vois pas comment ça pourrait inquiéter le petit.

MARGUERITE   Missieu Papineau, ça l'était un chef?

PASCAL   Oui, c'était le chef.

MARGUERITE   *(Un temps.)* Missieu Papineau, lui itou... ça l'a été... pendu?

PASCAL   Non! Non, pas Papineau. Il n'a pas été pendu comme les autres ... Il s'était réfugié aux États-Unis.

MARGUERITE   Ça l'est parti, comme Gabriel.

PASCAL   Justement!

MARGUERITE   Mais les aut'es chefs, ça l'ont été pendus.

PASCAL   Mais pas Papineau; il s'était réfugié! Et puis je vous assure que ce n'était pas par lâcheté qu'il s'était caché... au contraire. Voyez-vous, ça lui a permis de revenir au pays plus tard, quand la situation avait changé. Les gens oublient, vous savez... Il a été pardonné... il a même réussi à se faire élire au Parlement! Et il a aidé les Canayens de cette manière-là!

MARGUERITE   Et Missieu Bonneau ça l'est inquiet pour Louis? Ça pense que Louis ça va êt'e... pendu!?

PASCAL   Non!.. Justement, ça ne va pas lui arriver parce qu'on va le protéger; on va l'amener en lieu sûr, avec Dumont. Et puis il aura peut-être la chance de revenir plus tard, comme Papineau, pour aider les Métis.

MARGUERITE Mais Missieu Bonneau ça pense que si Louis ça reste en prison, ça va toudben êt'e…?

PASCAL Je n'sais pas! On ne peut pas prédire ces choses-là… Et puis, je ne veux pas que vous pensiez à ça… pour le petit.

MARGUERITE Çafaiq, Missieu Bonneau ça l'est inquiet pour Louis.

PASCAL Je sais que, là où il se trouve présentement, dans cette prison, Riel ne pourra pas aider les Métis.

MARGUERITE Mais pourquoi pas?...

PASCAL Parce que dans cette prison, il n'est pas en position pour négocier quoi que ce soit.

MARGUERITE Le général Middleton ça l'avait donné sa parole d'honneur…

PASCAL Parole d'honneur!?

MARGUERITE Éhé!... ça l'a accepté les conditions de Louis; ça l'a dit que Louis ça va pouvoir parlementer.

PASCAL Le général a peut-être agi en bonne foi, mais…

MARGUERITE Asteure, ça veut pu garder sa parole d'honneur!

PASCAL Le problème c'est que Louis n'est plus entre les mains de Middleton! Middleton l'a remis à Dewdney…

MARGUERITE   Dewdney ça veut pas parlementer avec Louis?

PASCAL   Non! S'il avait l'intention de parlementer avec Riel, est-ce qu'il serait en train de faire construire une nouvelle prison et un nouveau palais de justice, juste pour son procès? C'est ce qu'il annonce ce soir... et c'est probablement pour ça qu'on a entendu les salves d'artillerie.

MARGUERITE   Mais quand même, la parole d'honneur du général ça veut dire...

PASCAL   La parole d'honneur du général, ça ne veut rien dire pour Dewdney! Dewdney... Le gouverneur est motivé autrement que par l'honneur!

Acte II Scène III - Le prisonnier

L'éclairage baisse sur la scène principale; en marge, vers l'avant scène, Dewdney entre sous un éclairage ponctuel. Il est à la gare. On entend des bruits de foule et l'engin à vapeur.

EDGAR   Bring out the prisoners! *(Dewdney se place juste un peu en avant de Pascal, et se rend compte de la présence de celui-ci.)* Ah! Mister Bonneau, je vois que vous êtes comme tous les autres curieux.

PASCAL   Bonjour, Excellency. Oui, tout le monde veut voir arriver le train des prisonniers! Alors, tous ceux qui peuvent faire les quatre milles de Regina sont ici, c'est certain!

EDGAR   Vous êtes venu pour les prisonniers métis ou
              pour voir leur chef?

PASCAL   Je veux voir Riel, bien sûr.

EDGAR   I see... et c'est pour satisfaire votre curiosité?
              Ou pour nourrir une fascination?

PASCAL   Un peu des deux, je pense. Vous savez, on se
              fait une image d'un personnage comme ça;
              et puis quand on a la chance, bien, on veut la
              vérifier.

EDGAR   Ou la corriger.

PASCAL   Corriger?... Je ne comprends pas.

EDGAR   Vous voyez cette foule. Tous ces gens
              sont venus pensant voir un grand chef. Ce
              qu'ils vont voir, Mister Bonneau, ce n'est
              qu'un homme réduit... réduit à l'état de
              prisonnier... un Métis, sale et mal vêtu...
              comme les autres. Et ils vont corriger l'idée
              qu'ils s'étaient faite de lui.

PASCAL   Ce n'est pas parce qu'il est Métis que je ...

EDGAR   Oh! Quelques-uns pourraient bien avoir
              pitié de lui. But most of them, en le voyant
              humilié, choisiront de l'humilier davantage.
              C'est la nature humaine, et c'est une réaction
              de foule prévisible : quand on veut se sentir
              plus fort, la première impulsion est d'abaisser
              l'autre. Ces gens, qui sont venus par curiosité,
              finiront par l'invectiver.

PASCAL   Et vous êtes ici pour ça? Pour le voir humilié?

EDGAR   Les gens ont besoin de voir un chef, mister Bonneau. Sans un chef, cette foule serait incontrôlable. C'est pour cela que je suis ici.

Les bruits de foule augmentent soudainement. Pascal s'avance d'un pas pour mieux voir; il indique un point dans la foule.

PASCAL   Ça!.. ça doit être Riel!

EDGAR   Ah, yes.

Les deux hommes prennent le temps d'observer le prisonnier; Pascal avec curiosité et Dewdney avec un sourire forcé. On peut distinguer, parmi les cris de la foule, des injures telles que « dirty Half Breed! », « traitor! » et « you'll hang for this, Riel »!

PASCAL   Il regarde de notre coté, monsieur Dewdney!

EDGAR   Quite so. *(Il avance lentement d'un pas.)*

PASCAL   Ce regard… c'est comme… il vous sourit!

Dewdney, toujours avec le sourire, fait signe aux gardes de poursuivre leur chemin avec le prisonnier. Les deux hommes le suivent du regard pour un instant. Le bruit de la foule diminue, mais on distingue un « arrogant Half-Breed traitor! ».

EDGAR   So, Mister Bonneau, ce sourire, comme vous avez dit, quelle signification lui donnez-vous?

PASCAL   Ma foi! Je n'arrive pas à comprendre. Riel était bien calme, il nous regardait! C'était… C'était pas la peur, ni la confrontation… ni l'arrogance.

EDGAR   Very good, Mister Bonneau! Très perspicace. Ce n'était pas cela. Mais la foule… la foule a cru que c'était tout ça.

PASCAL	C'était juste un sourire.
EDGAR	Yes, a simple courtesy... entre chefs... et le regard d'un homme qui croit fermement arriver à bon port.
PASCAL	Là, je ne vous suis pas!
EDGAR	Ce que vous ne savez pas, Mister Bonneau, et la foule ne le sait pas non plus, c'est que nous n'avons pas capturé Riel.
PASCAL	Hein!?
EDGAR	Non, il s'est rendu lui-même au général Middleton.
PASCAL	Ça veut dire que...
EDGAR	Oh yes. Il aurait bien pu s'échapper, fuir comme son complice, Dumont. Mais il a choisi de se rendre à nous.
PASCAL	Pourquoi?
EDGAR	Because... il croit être un vrai chef. Et il pense peut-être faire la bonne chose. Il s'est rendu... avec des conditions, comme de raison. Il croit pouvoir négocier le bien-être et l'avenir de son peuple.
PASCAL	Alors vous allez discuter la situation des Métis avec lui; peut-être négocier un traité pour...

Il se tourne finalement vers Pascal.

EDGAR   Mister Bonneau! Vous devriez comprendre que ce serait mal vu; que ce serait imprudent, une grave erreur même, pour un chef comme moi de négocier avec un Mé… avec un prisonnier! Vous avez entendu cette foule? Les gens croient que nous avons capturé un traître.

PASCAL   Mais, il s'est rendu avec des conditions…il me semble que la chose honorable…

EDGAR   Honorable!? *(Avec un sourire.)* Il n'y a que deux règles à suivre dans cette affaire, mister Bonneau! La première est celle du common good… rien ne doit nuire à nos efforts de faire progresser ce Territoire.

PASCAL   Mais, je ne vois pas…

EDGAR   La deuxième est celle du fair play. Et c'est là que vient jouer l'honneur. Nous allons donner à ce Riel la chance de convaincre un tribunal du bien-fondé de ses actions; et le tribunal jugera de ses mérites. *(Il se retourne vers la foule.)* Till then, he shall remain my prisoner… Ensuite, nous verrons bien.

Dewdney sourit, salut la foule et sort.

Acte II Scène IV - Les mocassins
Pascal revient vers Marguerite.

MARGUERITE   Le monde ça l'sait pas que Louis ça s'est rendu pour parlementer?

PASCAL   Non, les gens ne savent pas ça.

MARGUERITE	Pourquoi le journal ça l'a pas dit ça?
PASCAL	Les journalistes ne savent pas tout. Et puis, ça fait bien l'affaire de Dewdney. Si les gens étaient au courant de la parole de Middleton, Dewdney se sentirait obligé de la respecter, ou tout au moins de convoquer Riel pour une rencontre. Mais comme ça, il n'a pas besoin; il a le choix de faire ce qu'il voudra bien.
MARGUERITE	Dewdney ça veut même pas rencontrer Louis!?
PASCAL	Le pire, c'est que non seulement a-t-il réussi à manipuler la foule en laissant croire aux gens que Middleton avait capturé Riel, mais il poussé la supercherie au point de les faire croire aussi qu'il a un criminel dangereux en main.
MARGUERITE	Louis ça l'est pas dangereux!
PASCAL	Middleton a livré un prisonnier en menottes; Dewdney lui a mis un boulet au pied et le tient isolé… en solitaire.
MARGUERITE	Mais pourquoi ça le traite comme ça?
PASCAL	Ça lui permet d'accuser Riel de trahison…
MARGUERITE	Louis ça l'est pas un traître!...
PASCAL	C'est juste comme pour le Patriotes!
MARGUERITE	Louis ça voulait jusse aider les Mitchifs...
PASCAL	Comme Papineau.

MARGUERITE	*(Un temps.)* Éhé, ça l'voué asteure. Sortir Louis ça l'est la meilleure chose! Si Dewdney ça veut pas parlementer avec Louis… ça veut dire que Louis son plan ça l'était pas le bon plan.
PASCAL	Il s'est fait avoir, c'est certain. Pas par Middleton, mais Dewdney…
MARGUERITE	Ça l'est toudben mieux que Louis ça fait comme Missieu Papineau.
PASCAL	C'est ça!
MARGUERITE	Même si Louis ça va pas aimer ça êt'e au Montana, ben… toudben ça va pouvoir revenir plus tard.
PASCAL	Exactement! Et puis entre-temps vous aller retrouver toute votre famille.
MARGUERITE	Éhé… Même au Montana, la famille ça peut êt'e ensemble.
PASCAL	C'est ce qu'il y a de plus important.
MARGUERITE	*(Elle se met une main sur le ventre.)* Ça l'a bougé!... Missieu Bonneau! Le p'tchit ça la bougé!
PASCAL	Ça veut dire?...
MARGUERITE	Éhé, ça va mieux; ça l'a bougé un p'tchit peu… J'pense que le p'tchit ça l'sait itou.
PASCAL	Quoi?... Il sait quoi ?

MARGUERITE   *(Elle sort les mocassins de bébé.)* Le p'tchit ça l'sait que même si ses mocassins ça vont pas s'tremper dans la rivière à Batoche, ça va êt'e ben.

PASCAL   Au Montana?...

MARGUERITE   Éhé… Ipi, j'pense que le p'tchit ça sais que missieu Bonneau ça fait la bonne chose.

PASCAL   Je suis content!

MARGUERITE   Missieu Bonneau… Des fois ça l'est pas facile pour les Mitchifs de faire confiance aux hommes blancs… ça l'en a trop vu qui sont pas corrects… Mais j'veux que tu le sais asteure, Missieu Bonneau, que j'ai confiance en toé… Missieu Bonneau ça l'a un bon cœur.

PASCAL   Merci Madame Riel. Ça fait beaucoup de bien d'entendre ça. Et moi, j'ai bien confiance en mes hommes… *(Il se rend à la fenêtre.)* Mais je ne sais pas si mon cœur va tenir longtemps si je n'ai pas de nouvelles bientôt.

MARGUERITE   Les hommes ça vont bien faire pour Bonneau…

PASCAL   Je l'espère!... Vous savez, j'ai des plans pour mon magasin… une fois que ça sera tout fini…

MARGUERITE   Bentôt…

PASCAL   Et vous aussi, vous allez pouvoir faire des plans maintenant.

MARGUERITE Éhé… Ça faut changer de plan asteure. *(Elle extrait un papier plié d'un des mocassins.)*

PASCAL Pas juste changer de plan! Je veux dire que vous devriez faire des vrais plans, préparer une nouvelle vie pour votre famille.

MARGUERITE Ça peut pu apporter le message à Louis.

PASCAL Mais vous pourrez lui donner tous les messages que vous voulez… vous allez le voir dans quelques jours!

MARGUERITE Ipi Gabriel, ça voulait que… *(Elle lui montre les mocassins.)*

PASCAL Mais Dumont est là-bas aussi, n'est-ce pas?… Si vous voulez, on pourra envoyer des hommes le trouver; on pourra vous l'amener. Je suis sûr que Riel sera content de le revoir.

MARGUERITE Ça l'est dans l'Dakota…

PASCAL Bon! Dans ce cas-là, on va aller lui trouver un Dumont au Dakota!.. Ou peut-être deux!… Madame Dumont, elle est votre amie aussi n'est-ce pas?

MARGUERITE Madeleine?

PASCAL Oui, c'est ça… Madeleine Dumont. On pourra aller la chercher elle aussi.

MARGUERITE Madeleine ça l'est restée à Batoche.

PASCAL À Batoche! Pourquoi est-ce qu'elle serait restée là? D'après ce qu'on dit, il ne reste pas grand chose de Batoche. Ça n'aurait pas été mieux pour elle de suivre son mari?

MARGUERITE Madeleine ça l'a resté pour aider les femmes que ça pouvaient pas partir...

PASCAL Vous l'avez revue à Batoche... après la bataille?

MARGUERITE Ça l'est pas r'venue dans l'village... Après que Louis ça s'est rendu ipi que Gabriel ça l'était parti, Madeleine ça l'est venue nous trouver... Ipi ça m'a donné les p'tchits mocassins. Ça sont pour Louis. *(Elle sort le papier plié d'un des mocassins.)* Madeleine ça veut qu'je donne c'te message à Louis.

PASCAL Elle envoie un message à Louis?...

MARGUERITE Le message ça l'est de Gabriel... Mais asteure, Gabriel ça va toudben voir Louis avant.

PASCAL Un message de Dumont! Tout ce temps-là, vous aviez un message de Dumont, et vous n'avez rien dit.

MARGUERITE Ça pouvait pas l'dire... Ça faisait pas confiance à missieu Bonneau avant.

PASCAL Et maintenant? *(Elle fait signe que oui.)* Vous l'avez lu?

MARGUERITE *(Un temps.)* J'peux pas lire, Missieu Bonneau, çafaiq...

PASCAL Vous ne savez pas lire?... Pourtant, votre mari est très instruit...

MARGUERITE Éhé! Louis ça l'a montré aux p'tchits comment lire; ipi ça veut me montrer itou!.. Mais… tchien! Toudben que Missieu Bonneau ça peut le lire.

PASCAL Moi? Mais elle n'est pas pour moi cette note.

MARGUERITE Mais ça peut toudben la lire pour moé.

PASCAL Mais… vous pourrez la lui donner…

MARGUERITE Namoya, pas asteure… J'veux savoir… tout de suite.

Il prend le papier, le déplie.

MARGUERITE Ça l'est quoi le message? *(Voyant qu'il lit pour lui-même.)* Je veux l'entendre.

PASCAL *(Lisant avec attention.)* **Mon commandant.** Pour commencer, je veux te dire que je suis pas fâché avec toi. Je peux pas êt'e fâché avec le seul homme que j'ai appelé mon chef. La bataille ça l'est toudben perdue, mais la lutte des Mitchifs ça l'est pas finie. Je te souhaite courage pour ce que tu veux faire. Mais, en même temps, je sais que par le temps que tu reçois ce message, tu vas avoir compris que les Anglais, ça vont pas vouloir parlementer avec un Riel prisonnier. Çafaiq, mets ton courage dans ta patience, passeque je sais que t'en as en masse. Patience, mon commandant. J'a un plan. Je va trouver des bons soldats. Ipi, on va venir avec te quérir. Tiens-toi paré. On va te sortir de la prison des Anglais. C'est un Riel libre qui va parlementer pour les Mitchifs. Ton adjudant, Gabriel.

Il lui rend le papier avec un sourire.

MARGUERITE   Gabriel a dit ça?

PASCAL   Oui!... Tout ce temps-là qu'on s'inquiétait… que vous vous inquiétez...

MARGUERITE   Gabriel ça veut venir sortir Louis d'la prison?

PASCAL   Et puis on est en train de faire exactement ce que Dumont voudrait!

MARGUERITE   Çafaiq…Gabriel, ça l'est pas fâché… ça va êt'e content de voir Louis…

PASCAL   Il devrait être content, certain!

MARGUERITE   Ça va toudben êt'e surpris, mais ça va êt'e content. Louis ipi Gabriel ça vont pouvoir faire des nouveaux plans pour aider les Mitchifs.

PASCAL   Et puis vous, Madame Riel?...

MARGUERITE   Éhé, ça l'est mieux asteure. *(Elle se rend à la fenêtre.)* Ipi ça l'a hâte de voir Louis!

PASCAL   Vous allez le voir, Madame Riel!... Bientôt… Ça sera bientôt fini. *(Il se rend à son bureau.)* Vous allez retrouver votre mari et votre famille, vous allez faire des plans, commencer une nouvelle vie!

MARGUERITE   Une nouvelle vie…

PASCAL   Et puis moi… bien, je vais pouvoir continuer.

MARGUERITE   Ça l'est-i possible ça?

PASCAL   *(S'assoit à son bureau.)* Bien sûr! Quand ça sera tout fini... quand vous serez en sûreté au Montana... avec Riel... tout sera possible!... Et puis quand les esprits se seront un peu calmés ici à Regina... bien là, les affaires vont reprendre pour mon magasin. Ça, je l'espère tout de moins. Là on pourra continuer et faire comme on voulait. *(Il ouvre son grand livre, en retire un papier qu'il examine.)*

MARGUERITE   Éhé, ça l'est possible... Quand ça vont êt'e toute ensemble, nous-aut'es... ipi quand Louis ça va voir que le p'tchit Jean ipi Marie-Angélique ça sont ben contents d'avoir leur père... ipi quand Louis ça peut tenir c'te nouveau p'tchit dans ses bras, là on va êt'e une famille, comme avant...

PASCAL   Un deuxième magasin...ça fait déjà un bon bout de temps qu'on songe ouvrir un deuxième magasin... à Moose Jaw, cette fois-ci.

MARGUERITE   *(Elle regarde par la fenêtre.)* Toudben qu'on va se trouver une place, jusse pour nous-aut'es, sur le bord d'une p'tite rivière... jusse pour nous-aut'es...

PASCAL   Mon deuxième fils, Trefflé, aura bientôt l'âge de s'établir. Il a le sens des affaires, celui-là; il a pris de l'expérience dans le transport, et puis il a travaillé pour moi. *(Replaçant le papier dans le grand livre.)* Alors un magasin à Moose Jaw serait un pas naturel...

MARGUERITE	Avec une maison, jusse pour nous-aut'es… Pas ainq une chambre comme avant… Toute une maison! Sur le bord d'une rivière tranquille … là où les p'tchits ça pourront tremper leurs mocassins sans avoir peur.
PASCAL	C'est vrai que Célina pense que c'est trop loin… que c'est déjà assez que notre premier est allé s'bâtir un ranch dans le Sud. Mais moi j'y vois la bonne affaire. Lui aussi pourra en profiter… produire assez pour alimenter deux magasins.
MARGUERITE	Mais une rivière assez large quand même, passeque là Louis pourrait toudben garder une traverse… comme Gabriel ça l'avait à Batoche… Ça s'rait ben ça passeque Louis ça l'aime ça rencontrer du monde, des voyageurs, des chasseurs.
PASCAL	Et puis Moose Jaw, c'est seulement à quarante milles… c'est rien avec le chemin de fer…
MARGUERITE	Ipi même quand ça l'aurait pas de voyageurs, ça s'rait ben passeque là Louis ça l'aurait l'temps pour écrire… ça l'aime ça écrire… des poèmes, des lettres… Louis, ça pourrait toudben écrire son histoire, l'histoire des Mitchifs.
PASCAL	Avec le chemin de fer, Moose Jaw va certainement grossir. On n'arrête pas le progrès.
MARGUERITE	Mais ça l'est pas finie, l'histoire des Mitchifs. Ça pourrait r'commencer là-bas. D'aut'es familles mitchifs ça vont venir faire leur place sur le bord de c'te p'tchite rivière. Éhé! Ça va inviter Madeleine ipi Gabriel pour que ça vient bâtir leur maison là itou.

PASCAL	Deux magasins : Bonneau et fils!
MARGUERITE	Ça va êt'e not'e terre à nous-aut'es. Une nouvelle terre mitchif.
PASCAL	Moi, je m'occuperai de celui-ci, avec Célina.
MARGUERITE	Les Mitchifs ça vont avoir leur place; ça vont êt'e bien là-bas, hein Missieu Bonneau?….
PASCAL	Ouais, on est bien ici! J'ai fait ma place ici à Regina!
MARGUERITE	Cré, ça va êt'e bon, ça.
PASCAL	J'ai fait ma part pour bâtir cette ville! Je veux y rester!
MARGUERITE	Ça va êt'e comme Batoche.

Acte II Scène V - Le traître

André fait irruption sans frapper; il se précipite vers la table, saisit la bouteille de whiskey et boit un grand trait.

PASCAL	André?
ANDRÉ	Li shikauk! *(Il boit un autre trait, puis s'essuie avec sa manche.)* Li trait'e!
PASCAL	Qu'est-ce qui se passe André?
ANDRÉ	Gaudry ça va l'savoir c'é qui l'traît'e!

Il tente de prendre un autre coup, mais Pascal lui enlève la bouteille.

PASCAL	Qu'est-ce qui …
ANDRÉ	Li shikauk! *(Il se précipite vers la porte du magasin.)* Des balles! Gaudry ça l'ont besoin plusse de balles!
PASCAL	André! Arrête!
ANDRÉ	Bonneau ça l'a-t-y des balles pour Gaudry?
PASCAL	*(Le saisissant par les deux épaules.)* Qu'est-ce qui se passe, André?
ANDRÉ	Ça l'é fini, Missieu Bonneau!
PASCAL	Qu'est-ce que tu veux dire?
MARGUERITE	Louis ça l'est-y sorti asteure?
ANDRÉ	Ça l'avont un traît'e avec eux-autes!
PASCAL	Qui ça?
ANDRÉ	La police!
PASCAL	La police?
ANDRÉ	Éhé! La police ça l'avont un traît'e avec eux-autes! Lis shikauks!
PASCAL	J'comprends pas! Quelle police?
ANDRÉ	La police que ça l'ont attaqué lis Mitchifs.
PASCAL	Quoi!

ANDRÉ   Éhé! Gaudry ça l'ont vu! Bottineau ça l'était parti pour l'camp dju Nord, ipi Gaudry s'en allait au camp d'la Plaine… Ipi c'é là qu'ça l'ont vu la police! C'tait loin, mais Gaudry ça l'ont dis bons yeux, çafaiq ça l'ont vu! La police ça l'arrivait drette su' not'e camp itou!.. Ipi ça l'onvait l'rababou avec eux-autes!

MARGUERITE   Le rababou!?

PASCAL   Mais, je ne comprends pas! On m'avait assuré qu'il n'y aurait pas de police!

ANDRÉ   Éhé! Bonneau ça l'avait djit que ça l'onvait ainq trois polices, ipi qu'la police ça l'était ainq à la prison! Mais cré là! La mauzusse de Jackass de police ça l'attaquait not'e camp!

MARGUERITE   Ipi Louis? As-tu vu Louis?

ANDRÉ   Ipi lis Mitchifs ça l'étaient pas parés pour ça, passeque Bonneau ça l'avait djit que ça l'onvait ainq trois polices…

PASCAL   Qu'est-ce qui est arrivé?

ANDRÉ   Ben là, la police ça l'a commencé à cranker leu rababou!.. Ipi ça l'arrêtait pas c'te rababou!... Ben, lis Mitchifs dans l'camp, ça l'étaient comme dis canards su' l'marais! Ça pouvont pas s'défende sur la prairie grande ouverte comme ça!... Çafèque ça l'ont couru. Goddam! J'on vu lis Mitchifs courir comme des lièves!

PASCAL   Torrieu!

ANDRÉ   Ipi, j'l'on vu li shikauk itou!

PASCAL	C'est pas possible!
ANDRÉ	Goddam de Goddam, Missieu Bonneau! La police ça l'savait not'e plan!
PASCAL	Mais comment?
MARGUERITE	Ipi Louis?...
ANDRÉ	La police ça l'savait!... passeque ça l'avont un traît'e avec eux-autes!... Un Mitchif, Missieu Bonneau! Un traît'e Mitchif! Gaudry ça l'ont vu! Li shikauk!
PASCAL	Un Métis? Quel Métis?
ANDRÉ	Ça l'sait pas! Mais Gaudry ça va l'saouère! *(Il fait quelques pas vers la porte.)* Ipi quand ça l'attrape c'te shikauk de traît'e de Mitchif… ça va l'plumer comme une bizaine!.. Ipi sa peau ça va la traîner derrière son ch'fal pour montrer c'que lis Mitchifs ça font avec lis traît'es!
MARGUERITE	*(Elle le saisit par le bras.)* Ipi Louis?... Gaudry, ça l'a-t-y vu Louis?
ANDRÉ	*(Un temps.)* Namoya! Ça l'on pas vu Riel. Ça l'on même pas v'nu proche d'la prison!
MARGUERITE	Ça veut dire…
ANDRÉ	La pauv'e Tchite Bellehumeur! Gaudry ipi Bonneau, ça voulont li ramener son mari… Mais ça l'a pas marché!
MARGUERITE	Quoi c'est qui va arriver à Louis asteure?

ANDRÉ	Gaudry ça l'sait pas…
PASCAL	Je l'sais pas…
ANDRÉ	Tedben qu'ça va trouver un aut'e plan.
PASCAL	Quel plan?
MARGUERITE	Quoi c'est qui va faire Missieu Gaudry?
ANDRÉ	Gaudry ça va tedben prend'e li relais de ch'vaux jusqu'au Montana! Ipi ça va aller ouère Gabriel… tedben que Gabriel ça l'ont un aut'e plan pour sauver li mari d'la Tchite Bellehumeur.
PASCAL	Ça va être trop tard, André! Tu le sais qu'on n'aura pas une autre chance.
MARGUERITE	Çafaiq, Louis ça va rester en prison?
ANDRÉ	Tedben!… Ipi tedben qu'non! Gaudry ça va aller ouère Gabriel! *(Il fait un autre pas vers la porte.)*
PASCAL	Et puis, je ne pense pas que Dumont sera bien content d'apprendre que tu… que nous lui avons pris son plan.
ANDRÉ	*(Il s'arrête, se revire et fixe Pascal.)* Tedben que Gaudry ça l'aurait fait mieux d'attend'e pour Gabriel… Gabriel c't'ein général!… Tedben que Gaudry ça l'a mal fait d'écouter à Bonneau! Bonneau, ça l'é ainqu'ein traiteur de…

PASCAL   Peut-être!... Mais tu sais bien qu'il fallait faire quelque chose, André! Tu sais qu'on avait juste une chance pour ça! Et le plan de Gabriel c'était le meilleur plan!... C'était le seul plan.

ANDRÉ   Shikauk de traît'e Mitchif!..

PASCAL   Tu sais qu'il fallait qu'on essaye!.. On a essayé, André!

ANDRÉ   *(Il regarde Marguerite.)* Éhé... Ça l'a essayé...

PASCAL   On a fait tout ce qu'on pouvait! Alors, maintenant il faut que tu te caches; la police va sûrement te chercher! *(Il essaie de le ramener vers la porte du magasin.)*

ANDRÉ   Namoya! Gaudry ça va pas s'cacher!

PASCAL   Mais si on t'a suivi; si on t'a vu venir jusqu'ici...

ANDRÉ   Namoya! Ça l'ont pas suivi Gaudry! Sontaient trop occupis à chasser lis lièves avec leu rababou!

PASCAL   Mais ils t'ont peut-être vu! Et si on te trouve ici, c'est moi qui risque de tout perdre!

ANDRÉ   Bonneau ça l'a pas besoin d'avoèr peur! Ipi, si la police, ça veut chasser Gaudry, ben Gaudry ça l'é paré! Ça va faire comme le buffalo... le buffalo ça s'cache pas!... ça reste là oussque c'é ipi ça fait c'qui faut qu'ça fait... ça reste fier... Éhé! Quand le chasseur ça va arriver c'te fois-citte, ben cré, ça va ouère c'que ça peut faire le buffalo fâché!... Ça va ouère c'que Gaudry ça peut faire!

PASCAL   Vas pas faire de folies, André! Tu ferais mieux de te cacher… viens!

ANDRÉ   Ipi Bonneau ça f'rait tedben mieux de trouver une aut'e façon d'aider la Tchite Bellehumeur, pour que ça voué son mari!... Gaudry ça s'en va faire la chasse!.. La chasse aux shikauks!

André sort.

PASCAL   *(À la porte.)* André!

ANDRÉ   *(De l'extérieur.)* Gaudry ça va pas s'cacher comme une souris!

Acte II Scène VI - Continuer

PASCAL   André!

(Un temps.)

MARGUERITE   Missieu Bonneau…

PASCAL   C'est fini…

MARGUERITE   Missieu Bonneau…

PASCAL   C'est tout fini. Tout ce que j'ai bâti… tout… c'est fini…

MARGUERITE   Missieu Bonneau!

PASCAL	Oui?
MARGUERITE	Je sais que Bonneau ça peut pas sortir Louis d'la prison asteure…
PASCAL	J'ai essayé, Madame Riel; mais… je n'comprends pas… un traître? Dewdney avait dit…
MARGUERITE	Louis ça va rester en prison.
PASCAL	J'ai… J'ai bien peur que oui… J'ai voulu bien faire, vous savez…
MARGUERITE	Je sais ça, Missieu Bonneau.
PASCAL	J'aurais dû prévoir…
MARGUERITE	Ça l'est fini, ça, Missieu Bonneau! Ça l'est plus important asteure.
PASCAL	…peut-être que si j'avais pris d'autres précautions…
MARGUERITE	Bonneau ça l'a dit : Ça l'est le passé, ça. Ipi le passé ça l'est une place où on va plus.
PASCAL	Oui mais l'avenir ne me paraît pas très rose maintenant…
MARGUERITE	Mais y faut continuer quand même!... *(Un temps.)* Y faut qu'Louis ça reste en prison… y faut qu'ça continue à attendre...
PASCAL	Je suis vraiment désolé pour ça…
MARGUERITE	Çafaiq, Missieu Gaudry ça l'a ben raison.

PASCAL   André?... Comment ça, raison?

MARGUERITE   Y faut continuer à faire ce qu'y faut qu'ça fait.

PASCAL   Je ne comprends pas.

MARGUERITE   Y faut que Louis ça continue...

PASCAL   Voyons, Madame Riel! C'est assez clair que Dewdney ne va pas négocier.

MARGUERITE   Y faut que Louis ça l'attend pour son procès asteure... pour pouvoir parlementer pour les Mitchifs... Ipi moi itou, j'veux continuer à faire ce qu'y faut qu'je fais.

PASCAL   Vous?...

MARGUERITE   Éhé! Moi itou... j'veux pus me cacher non plus.

PASCAL   Mais qu'est-ce que vous pouvez faire maintenant?

MARGUERITE   Missieu Bonneau, je sus venue à Oskana pour voir mon mari... çafaiq, je veux aller voir mon Louis!

PASCAL   Quoi?

MARGUERITE   Je sus venue pour être avec Louis! Une femme ça l'a besoin d'êt'e avec son mari.

PASCAL   Mais...

MARGUERITE   Çafaiq... Bonneau ça va-t-y trouver une aut'e façon d'aider la p'tchite Bellehumeur pour que ça voué son mari?

PASCAL	Une autre façon?...
MARGUERITE	Pour voir Louis dans la prison.
PASCAL	Mais qu'est-ce que je peux faire, moi, maintenant?
MARGUERITE	Est-ce que Bonneau ça va aller voir Dewdney asteure?
PASCAL	Dewdney?...
MARGUERITE	Éhé, ça l'est encore Dewdney qui peut donner la permission.
PASCAL	*(un temps.)* J'ai bien peur que Dewdney…
MARGUERITE	Ça l'sait pas si ça la le demande pas! Dewdney ça va toudben donner la permission pour ça asteure.
PASCAL	J'ai bien peur que Dewdney ne voudra pas me voir.

Acte II Scène VII - Le génie

La lumière s'ouvre sur Dewdney; il est près de la porte de son bureau. Il écoute un temps.

EDGAR	So, your men believe that they've simply dispersed another band of drunken Half-Breed hunters!... Excellent!... No one will know what really happened tonight! *(Un soupire de soulagement.)* Now, back to the business at hand. The recruitment of appropriate settlers… *(Il écoute.)* The Prime Minister?...

Sir John need not know either! My God! He wanted me to arrange the jail break so that Riel could be shot while escaping! That might have solved his problem down East; but what would it have done to help our cause in this Territory? Nothing! So, let us proceed as though nothing has happened. We will send him a telegram informing him that the prisoner will be moved to the new prison next week, and that the hearings will commence the week after. He may see through the message; he may not like it, but it will be too late for him to change the course of events. *(Il fait un pas pour s'éloigner de la porte.)* For the rest, we need only congratulate ourselves!... On the one hand, we've given these Half-Breeds from the South the satisfaction of believing that they've at least tried to help Riel. That should keep them off our back for a while. On the other hand, by preventing them from succeeding, we have averted another war. You can be sure that had they managed to free my prisoner, we would have been obliged to respond, to track them down, to launch another military strike against them... and that would have done nothing to help draw new settlers into my Territory!... Ah! But the genius, my good fellow... the real stroke of genius in all of this, was that by making them believe that it was one of their own, a Half-Breed, who betrayed them, we've likely planted enough doubt and mistrust amongst them so as to prevent the emergence of any new Half-Breed chief for quite some time! *(Un temps.)* And so, as I have wanted all along, we will hold Riel's trial here, in Regina. And we will show the Easterners that our justice system is as good as that of the provinces. What better way to reassure new settlers for my land than to show them that this is now a safe Territory! *(Il écoute.)* What of Mister Bonneau? He was most useful to us, of course! Without him, we would not have so easily "manipulated" the Breeds. But he does not represent any threat to us. He will never know what has really happened. And his name will not be associated with this affaire… because, after all, there never officially was an "affaire". So why, pray tell, should we reward him for services not rendered… on a contract that does not exist? *(Il écoute.)* Yes, that is all… *(Il se dirige vers la porte.)* Oh, one last thing. The list of candidates for the jury…

Dewdney sort. L'éclairage revient sur la scène principale

Acte II Scène VIII - Le message

MARGUERITE   Missieu Bonneau…. J'a besoin d'aller voir Louis avant son procès. J'a besoin d'le montrer…

PASCAL   C'est trop tard pour le message de Gabriel!

MARGUERITE   J'a besoin de voir ses yeux à Louis; j'a besoin de montrer à Louis que ça va ben…

PASCAL   Que ça va bien?

MARGUERITE   Éhé!

PASCAL   Mais ça ne va pas bien du tout!

MARGUERITE   Louis ça va avoir besoin de croire que ça va ben…

PASCAL   Bien, pour moi en tout cas, ça ne va pas!

Il se dirige au bureau et ouvre le grand livre pour lui montrer.

MARGUERITE   Missieu Bonneau...

PASCAL   Il ne me reste plus grand-chose… surtout pas grand espoir!

MARGUERITE   Missieu Bonneau!...

PASCAL   Aussi bien dire que j'ai tout perdu maintenant!

MARGUERITE   Namoya! Missieu Bonneau, ça l'a pas tout perdu…

PASCAL   Voulez-vous voir les chiffres?

MARGUERITE   Ça peut pas lire…

PASCAL   J'peux vous garantir que le magasin ne tiendra pas jusqu'à l'automne!

MARGUERITE   Ce que ça l'a de plusse important, ça l'est pas dans c'te livre…

PASCAL   Ce qu'il y a dans ce livre, c'est ma vie!

MARGUERITE   Ça l'a encore toute sa famille, Missieu Bonneau! C'est la vie, ça! *(Un temps.)* Ses enfants ça sont grands déjà… *(Elle lui donne les mocassins.)* Ipi ça vont bentôt avoir des p'tchits eux-aut'es itou.

PASCAL	Et puis, qu'est-ce que j'aurai à leur offrir, moi?... Des mocassins?
MARGUERITE	Pas jusse des mocassins, mais des choses importantes itou… Ça pourrait les montrer qu'ça l'a un bon cœur… toudben un p'tchit brin de fierté… ipi du courage. *(Un temps.)* Louis ipi les Mitchifs, ça l'est pas des souris.
PASCAL	Je n'vois pas…
MARGUERITE	Ben, le missieu Papineau ipi les Canayens ipi Bonneau son père… ça l'étaient pas des souris non plus! Ça l'ont pas gagné leu bataille, mais toudben ça l'ont fait la bataille pour montrer aux aut'es que ça l'est important de continuer! Toudben qu'son père ça l'a fait la bataille pour montrer que le p'tchit que ça l'était dans l'ventre à madame Bonneau ça l'avait besoin d'une meilleure place… une place où c'est qu'ça pourrait tremper ses mocassins… sans avouèr peur.
PASCAL	*(Il la regarde. Un temps.)* Ah! Madame Riel!...
MARGUERITE	*(Les mains sur le ventre.)* Ipi Bonneau ça l'a encore des amis qu'ça l'ont besoin de lui.
PASCAL	Vous avez peut-être raison…
MARGUERITE	Éhé! Ipi Gaudry itou ça l'a raison.
PASCAL	C'est vrai, j'ai encore toute ma famille. Il faut continuer pour eux.
MARGUERITE	Ça l'est mieux ça.

PASCAL　　Mon fils a un ranch... je pourrais toujours aller l'aider.

MARGUERITE　　Éhé, ça pourrait faire ça.

PASCAL　　Même si je ne serai plus un commerçant... *(Il ferme le grand livre.)* Il faut faire ce qu'il faut faire... même si ça veut dire devenir cowboy.

MARGUERITE　　Mais avant ça pourrait...

PASCAL　　Mais avant, ça pourrait encore aider ses amis...

MARGUERITE　　Çafaiq Bonneau ça va aider?...

PASCAL　　Qu'est-ce que Bonneau peut faire pour la Bellehumeur?

MARGUERITE　　L'aider à voir son Louis... Louis ça l'a besoin de savoir que sa p'tchite Bellehumeur, ipi le p'tchit que ça l'est dans son ventre, ipi les aut'es p'tchits itou, ça vont attende pour lui.

PASCAL　　Bien ça, il le saura!

MARGUERITE　　Louis ça l'a besoin de savoir que ça comprend itou... que ça l'a des Mitchifs qui comprennent qu'y fait la bonne chose.

PASCAL　　Ça aussi, il le saura!

MARGUERITE　　Çafaiq...

PASCAL　　Je vais lui remettre les petits mocassins!

MARGUERITE   Le message de Gabriel?

PASCAL   De la Bellehumeur… et de Bonneau…Vous avez raison; Louis a besoin de savoir qu'y en a qui croient… *(lui montrant les mocassins)* que nous croyons que ce qu'il fait, c'est pour l'avenir des Métis!

MARGUERITE   Bonneau ça croit ça?

PASCAL   *(Il lui prend la main.)* Viens! Allons voir Célina… On va vous aider.

Ils sortent.

NOIR

Bonneau : Bruce McKay et Bellehumeur (Marguerite Monet) : Marie-Claire Marcotte

Edgar Dewdney : Ian C. Nelson et Bonneau : Bruce McKay

Bonneau : Bruce McKay et André Gaudry : David Granger

Bonneau : Bruce McKay et Edgar Dewdney : Ian C. Nelson

Bonneau : Bruce McKay et Bellehumeur (Marguerite Monet) : Marie-Claire Marcotte

Bonneau : Bruce McKay, Bellehumeur (Marguerite Monet) : Marie-Claire Marcotte
et André Gaudry : David Granger

*Bonneau : Bruce McKay, Bellehumeur (Marguerite Monet) : Marie-Claire Marcotte
et André Gaudry : David Granger*

*Bruce McKay, Bellehumeur (Marguerite Monet) : Marie-Claire Marcotte
et André Gaudry : David Granger*

Edgar Dewdney : Ian C. Nelson et Bonneau : Bruce McKay

André Gaudry : David Granger et Bonneau : Bruce McKay

Bonneau : Bruce McKay et Bellehumeur (Marguerite Monet) : Marie-Claire Marcotte

*Bonneau : Bruce McKay, Bellehumeur (Marguerite Monet) : Marie-Claire Marcotte
et André Gaudry : David Granger*

Bonneau : Bruce McKay et André Gaudry : David Granger

Bonneau : Bruce McKay et Edgar Dewdney : Ian C. Nelson

Bonneau : Bruce McKay et Bellehumeur (Marguerite Monet) : Marie-Claire Marcotte

Bonneau and Miss Bellehumeur

June 1885, the battle of Batoche is finished, the Métis resistance has been crushed. Riel is in prison in Regina. His wife, Marguerite Monet also called Bellehumeur, has arrived to visit him. However, the prison is 4 miles from town, and visiting rights are not freely granted. In the meantime she has found lodging with the Pascal Bonneau family — an influential French-speaking merchant, friend and employer of the Métis.

The tension has flared up between Upper and Lower Canada following the Batoche incident. The Prime Minister, John A. Macdonald, thinking that it might appease the situation, has discretely asked governor Dewdney to find a way to "liberate" Riel. Pascal Bonneau has been charged with this mission, so he has called upon his Métis friends.

The action takes place in a room at the back of the Bonneau store, the night of the planned jail break; Pascal has just sent his Métis accomplices to liberate Riel and take him to Montana. Marguerite arrives determined to get Pascal's help in obtaining visiting rights but instead learns of the escape plan. Marguerite is not happy with the turn of the events; she supports her husband's mission: negotiating for the Métis people but foremost, she distrusts Macdonald. Marguerite is forced to wait with Pascal for news of the Métis operation. Pascal tries to convince her that he has taken the best course of action. Marguerite has no desire of returning to Montana; she dreams that, with the help of Louis, they will rebuild Batoche at Batoche . Their discussion reveals, with the help of flashback scenes, some aspects of their respective situations: the fate of the Métis, the French Canadians, the battle, the governor's motives. Their hopes begin to emerge then comes the news that the plot has failed…

Bonneau and Miss Bellehumeur
or
Riel must be freed

A Play by
Raoul Granger

Characters

Pascal Bonneau   Merchant and business man (47 yrs).

Marguerite Riel   Marguerite Monet, also called Bellehumeur. Wife of Louis Riel (24 yrs, 5 mos pregnant).

André Gaudry   A Métis man from the Wood Mountain (38 yrs).

Edgar Dewdney   Governor of the Northwest Territories (50 yrs).

Scene

The action takes place in Pascal Bonneau's "office". This is a large room at the back of his general store; there are two doors and a window. The set must also allow for the representation of three other sites: the governor's office, the train station and a Métis camp. It is the end of June, 1885. The action begins in the early evening.

Bonneau and Miss Bellehumeur
or
Riel must be freed

Prologue - The Cat and the Mice
Pascal is at his desk, making entries in his ledger book. He is visibly worried. The house lights fade.

EDGAR (Offstage, or in a spotlight; as one exercising his diction.)

The Cat and the Mice.
By Louis Riel
English by birth and manner, a Cat of higher standing,
Like a Lord without mercy, lived but by hunting.
Such was his sport. And so long as his prey
Remained bountiful, our Rascal would play
And revel in the joys of the feast every day.
Our Cat... Our Saxon, at his table,
Never did serve a dish more delectable
Than the flesh of a few mice!

MARGUERITE *(Offstage, or in a spotlight. With astonishment.)*
The Mitchifs, they are not mice!

EDGAR Should his family and friends come to visit?
Always, with this meat, his favorite,
Would he prepare himself the main dish!
And joy to each Tomcat who did relish!
One day while the cat, with guests all around,
Idled at this table, where as ever did abound
These fine offerings... the mice...

MARGUERITE *(With insistence.)* The Mitchifs, they are not mice!

The spotlight fades and the main stage lighting returns.

Act 1 Scene I - The plan

Pascal closes the ledger with frustration.

PASCAL Damn it! Nothing works!

André Gaudry enters from the back entrance without knocking.

ANDRÉ Eh! Mr. Bonneau!

PASCAL André! At last! *(He rushes to the window.)* You're alone?

ANDRÉ Éhé! Bottineau he's waitin' on the trail, just outside of town.

PASCAL *(He closes the blind.)* No one followed you?

ANDRÉ Namoya!

PASCAL Are you sure?

ANDRÉ *(He picks up the bottle from the desk.)* Gaudry, he's got a good nose! He can smell the English and the police a mile away! So Gaudry, he knows that nobody followed him.

PASCAL *(He takes the bottle from his hand.)* Not just yet! You talk first. Is everything set up as we planned?

ANDRÉ Well, Mr. Bonneau! The men, they need more bullets.

PASCAL	What? More bullets! I thought that we had settled all that; I've allowed one box of ammunition for each of your men! I figure that should be enough.
ANDRÉ	Éhé, they know that Bonneau he's figured that; but, the men they figured too! And now they need more bullets.
PASCAL	What for? You've told them at least that they're not to shoot at the police? They're not to kill any of the police! If worse comes to worst we can take prisoners! That's all!
ANDRÉ	Éhé, Mr. Bonneau. The men they know. They won't shoot the police!
PASCAL	Well, then!
ANDRÉ	But, if the police they shoot at the Mitchifs first, well then it's going to be like a buffalo hunt! The Mitchifs they're going to…
PASCAL	The police won't shoot! *(He shows him a paper note.)* You see, the Governor has called a public meeting to announce his new project. A new prison, in town! I'm told that there will only be three men to guard the Mounted Police prison; the rest of the detachment will be here, in Regina.
ANDRÉ	Just three police? Bonneau, is he sure of that?
PASCAL	That's what I was made to understand.

ANDRÉ	Abain! Bonneau he believes maybe that there's just three police; but Gaudry, he's not so sure of that! So he has got more men with him. And those men too, they need bullets now, Mr. Bonneau!
PASCAL	More men? Whatever for? Goddam! You're going to break me! I'm just a merchant, you know! Not a banker!
ANDRÉ	Éhé! We know that! Bonneau, he's a good trader, but he's just trader of blankets and flour! Gaudry, he's a Mitchif hunter; so he knows that we need more men to hold off the police!
PASCAL	All right, all right! How many men are there?
ANDRÉ	We got sixteen hunters.
PASCAL	Sixteen! That's an extra four men!
ANDRÉ	That's the best buffalo hunters from the Wood Mountain!
PASCAL	Do you really need sixteen Métis men to capture three police guards?
ANDRÉ	Just half of them.
PASCAL	Half! Do you take me for a...
ANDRÉ	Éhé! They have made two camps, Mr. Bonneau.
PASCAL	Two camps now! And I suppose they need extra blankets too!

ANDRÉ   One camp it's by the Oskana creek, to the north; it's two miles from the police prison. The other camp it's made not far from town, a little bit to the south west, on the edge of the Belle Plaine. Bottineau, he's got six men in the north camp; they got good horses those ones. And at the Belle Plaine, they got eight men; those, they are the best shooters.

PASCAL   But why two camps?

ANDRÉ   Bottineau, he's going to take the men from the north camp, and they are going to make a first charge at the prison.

PASCAL   A first charge?

ANDRÉ   Éhé! They won't shoot. It's just to make the police come out, so that they chase the Mitchifs. The men make their charge, with war cries; and then they back off a bit to see. And once the police they come out to chase the Mitchifs, Gaudry he comes from the Belle Plain with the other men, and they're going to take the prison.

PASCAL   *(Pause.)* That's going to work? I've put a lot of trust in the Métis; but... we have to be certain that it's going to work!

ANDRÉ   He can have trust, Mr. Bonneau! That's going to work.

PASCAL   Listen! If it doesn't work, it's my head that they'll be coming for! You know that, eh! My head, my store, and...

ANDRÉ   Cré! That's going to work, Mr. Bonneau!

PASCAL   I've put three years of my life into building this store! And, I've done nothing wrong! I've done nothing to make these people avoid me like that! There's a squabble two hundred miles from here, that has nothing to do with me... and all of a sudden...It's like ever since she's taken a room at our house, people are avoiding me like the plague!

ANDRÉ   The little Bellehumeur?

PASCAL   Good grief! Might as well hang me as though I was guilty! *(Pause)* I can't wait for this thing to be over with! For people to come back to their senses! Can't they see what I've done for this town! I built their church! Dammit!

ANDRÉ   Cré! Gaudry, he's telling you! It's going to work. It'll be finished pretty soon.

PASCAL   I've even built their streets!

ANDRÉ   We know that; Gaudry, he worked for Bonneau.

PASCAL   Well André, don't forget that if I lose my contracts, it's you and your men who will be out of work! So we can't afford any mistakes!

ANDRÉ   Well, if it's like he said, Bonneau, and they got just three police... Well damn! Bonneau, he's got to have trust! Has he got another choice now?

PASCAL   You're right, André; I really don't have any other choice... I have to put my faith in you.

ANDRÉ	Tchouèr! It's going to be like child's play for the Mitchifs.
PASCAL	Good! *(Pause)* And the horses? Are the horses ready?
ANDRÉ	The horses too. Éhé! Gaudry he chose those horses! They got good horses every ten miles between Oskana and the Montana. Eh! They got my race horse, the Beddick, at the first relay post! So Gaudry, he's sure that, the police, they won't be able to catch him!
PASCAL	Very good! And, in the camp… in both camps… No fires? No visitors? No wandering? No alcohol?
ANDRÉ	Namoya! No whiskey!
PASCAL	Good! They'll get all the whiskey they want after! For now…
ANDRÉ	It's good, Mr. Bonneau! The Mitchifs, they make war camps. Éhé! No fire.
PASCAL	The men are ready?
ANDRÉ	The Mitchifs, they're ready!
PASCAL	So… We're going to storm the prison… without shooting! We take prisoners, that's all! Prisoners might be useful.
ANDRÉ	Éhé! Police prisoners.
PASCAL	And then, we take Riel, we put him on a good horse… even if he doesn't want to! Understand?

ANDRÉ   Riel, he's going to want to go.

PASCAL   And we'll escort him all the way to Montana without stopping!

ANDRÉ   Éhé! Riel, he's going to be in Montana in two days!

PASCAL   Good! *(Pause.)* That's all we can do. Let's hope it works!

ANDRÉ   Tchouèr! It's going to work.

PASCAL   Good... well, do you have any questions before leaving, André? Do you need anything else?

ANDRÉ   Well, Mr. Bonneau, the men, they're maybe ready, but their guns they need more bullets.

PASCAL   Listen! I'll give you one more box of ammunition. That's all! It should be enough! Well, you said the men from the north camp aren't going to shoot.

Pascal retrieves a box of ammunition from a shelf and hands it to André.

ANDRÉ   They maybe need some more provisions too... just for a few days...

PASCAL   No need for more provisions! This takes place tonight!

ANDRÉ   Tonight?

PASCAL	The public meeting is tonight; it's tonight that there will be only three guards at the prison. It's tonight, or not at all, André! Are you still game?
ANDRÉ	Éhé, Mr. Bonneau. Gaudry, he's ready. The men too, they be ready… now!
PASCAL	In that case, my friend, let's have a little drink… raise our glasses to the success of your men!
ANDRÉ	Thanks a lot, Mr. Bonneau. But Gaudry, he doesn't want to drink before making a war battle… in case that he's got to shoot at the police… well, if the police they shoot first! He knows that if he drinks the whiskey he might shoot the police his horse when he wants to shoot the police.
PASCAL	*(Chuckling.)* All right, then. *(Shaking André's hand.)* Go now! Good luck, André!

There is a knocking at the door. The men freeze.

PASCAL	*(Whispering.)* What? You were followed?
ANDRÉ	*(Lowering his voice also.)* Namoya, Mr. Bonneau! Nobody they followed me!
PASCAL	André! It's my neck that's at risk here!
ANDRÉ	And it's my scalp too, Mr. Bonneau. So, Gaudry, he's sure that nobody followed him.

They hear a second knocking.

PASCAL	Dammit! What do we do?
ANDRÉ	Mosusse! He has got bullets now, and he left his rifle on his horse!
PASCAL	Hide in the store and wait! If it's the police…

A third knocking. They hear a woman's voice.

MARGUERITE	Monsieur Bonneau?
PASCAL	Madame Riel?
ANDRÉ	The little Bellehumeur?
PASCAL	*(He quickly checks his pocket watch.)* It's too soon!

André moves towards the door to open it, but Pascal stops him.

PASCAL	Wait, André! She knows nothing of this yet. And you must not tell her anything!
ANDRÉ	But, the little Bellehumeur… Riel, he's her husband! So…
PASCAL	I'll explain everything to her later! Once this is well under way. *(He pushes André towards the store access door.)* You, you're going to go save her husband!
ANDRÉ	Éhé, Riel he's going to be in Montana in two days! And then, Bonneau, he's going to send him his little Bellehumeur.
PASCAL	Yes. Yes! Go! *(Pushing him through the doorway.)* No mistakes, André!

The knocking is more insistent this time.

MARGUERITE   Monsieur Bonneau? It's me... Marguerite!

Act 1 Scene II - The Request

Pascal rushes to open the door; Marguerite enters, going directly to centre-stage.

PASCAL   Madame Riel! I'm sorry, I was...*(Pointing to the store entrance.)*

MARGUERITE   Mr. Bonneau!

PASCAL   I wasn't expecting you so soon!

MARGUERITE   It's maybe too early, but I could not wait anymore.

PASCAL   That's all right. Please. Sit down. Everything is ready

MARGUERITE   Thank you, but I won't be very long, Mr. Bonneau.

PASCAL   But, please, you should sit! *(He brings a chair forward.)* A woman in your condition should be resting, keeping her strength... for the little one. And, I have a few things to explain...

MARGUERITE   No! Mr. Bonneau! Let me talk first. I have to talk first.

PASCAL   Very well.

MARGUERITE	Mr. Bonneau … I can see that you are a good person. You and Madame Bonneau, you have made a place for me in your home. Me, a Mitchif woman. But now…
PASCAL	Are you in need of anything? Just let me know and I'll talk to Célina…
MARGUERITE	No! It's not for Madame Bonneau…
PASCAL	Is it me then? Did I fail to…
MARGUERITE	No! Mr. Bonneau! He has been good to me too… But now, I need to know!
PASCAL	Yes?
MARGUERITE	It makes how many days that I am here, in Oskana? in your house?
PASCAL	Ten days.
MARGUERITE	Ten days! And, I still have not seen my husband!
PASCAL	Yes, I know, but…
MARGUERITE	Well I came here to see him! I want to see him!
PASCAL	Yes, but you know that it's not easy…
MARGUERITE	I want to visit my Louis that's in prison!
PASCAL	…the prison is four miles from here.
MARGUERITE	And so, I want to know when it is that I will see him.

PASCAL	You know that since he is there, they don't let just anybody come near that prison.
MARGUERITE	It's not that I doubt of Mr. Bonneau his sincerity, or his good intentions... but, he told me, when I got here! he said that he was going to talk to the Governor... that he was going to do all that he could to help me to go see Louis.
PASCAL	And I assure you that I have done everything that was within my power to do.
MARGUERITE	He went to see the Governor?
PASCAL	Yes. And you know that I did. The day after you arrived, to ask him to secure safe lodging for you; and he asked me to take you in with us... which I did... and Célina was very much in favour.
MARGUERITE	I know that. And, even if it is very nice at your house, and, Madame Bonneau, she is very kind with me...
PASCAL	The children too...
MARGUERITE	I didn't come here just to take a place in your home, Mr. Bonneau! I came here to be with Louis. A wife, she needs to be with her husband!
PASCAL	I understand, and I can assure you, Marguerite, that...

MARGUERITE   And, Louis he did not come here just to take a place in your prison! Louis, he has a mission... and he needs his Marguerite!

PASCAL   A mission? I don't understand... He's a prisoner...

MARGUERITE   Éhé! A mission. It's important, Mr. Bonneau. It's important that, Louis, he knows that things they are good... *(She places her hands on her stomach.)* that, the little ones, they are good... that I am good. I have to give him that message. And...

PASCAL   And you?

MARGUERITE   I have to see him... A woman, she's got to ... she has got to know that Louis he is good too; that he is not mistreated. *(She pulls a pair of infant's moccasins from her hand bag.)* And I have to show him this.

PASCAL   Little moccasins?

MARGUERITE   Éhé! I want to show him; they are a gift from the Dumont. It's important.

PASCAL   Gabriel Dumont?

MARGUERITE   It's Madeleine Dumont; she made these moccasins. They are for the little one here that still has not seen Batoche.

PASCAL   Batoche? There's nothing...

MARGUERITE	Madeleine she said that, the little one, he has to know the land of the Mitchifs! So she put a little bit of sand in the lining of the moccasins… She said: "That way, even if he can't dip his moccasin in the river at Batoche, the little one, he will always be walking on the land of the Mitchifs."
PASCAL	It's touching.
MARGUERITE	And it's important that, Louis, he knows that his little one will know that.
PASCAL	*(Approaching for a better look.)* They're very nice, but…
MARGUERITE	Éhé, they are nice! *(She hangs them around her neck and moves back to prevent him from seeing.)* So! Bonneau is he going to tell me when it is that I will see Louis?
PASCAL	*(Pause.)* All right, Madame Riel, I see that it's my turn to explain a few things.
MARGUERITE	Éhé! And, what is that?
PASCAL	Well, to start with, after my first meeting with Dewdney, I sent him a letter right away requesting another meeting so that I could plead your case…
MARGUERITE	And? Bonneau, did he go to see Dewdney again?… *(He nods his head to say yes.)* When?
PASCAL	Well… six days… a week ago.

MARGUERITE	A week!… And he didn't tell me… he didn't tell me what the Governor said!
PASCAL	I couldn't! And then, I was gone for four days.
MARGUERITE	I want to know, Mr. Bonneau! I want to know right now what happened with the Governor! Is he refusing to let me go see Louis? *(Pause.)* That must be it… because it has been six days already…
PASCAL	Just wait, Marguerite! Before you go imagining all sorts of things, just let me explain.
MARGUERITE	He does not have to explain, Mr. Bonneau! He just has to tell me. Are they going to let me visit Louis in the prison?
PASCAL	No!
MARGUERITE	*(Pause)* So then…
PASCAL	You won't go see your husband in prison.
MARGUERITE	Did he say why?
PASCAL	You will see your Louis! Very soon at that… but he won't be in the prison.
MARGUERITE	I will see him? Where?
PASCAL	Listen! I was just about to tell you. I went back to see Dewdney…
MARGUERITE	I'm listening.

PASCAL	The day that I sent him the note... well, that same night, quite late... the children were sleeping, and so were you, I think... there was a knock at the door. Célina thought that it was troublemakers, or drunkards; she didn't want me to answer. There are all kinds of people in the town now: profit-seekers, trouble-makers, nosy types, bounty hunters....
MARGUERITE	And?
PASCAL	The knocking continued. So I went to see. It was the police...
MARGUERITE	The police?
PASCAL	Yes, a policeman came to tell me that the Governor wanted to talk to me... right away...
MARGUERITE	In the middle of the night?
PASCAL	I had no idea why he was summoning me in the middle of the night like that... I couldn't begin to imagine! I even let myself believe... or hope for a new contract... but no...
MARGUERITE	So he went to see him...
PASCAL	I followed the police to Dewdney's office. He was waiting for me...

Act 1 Scene III - The Contract

Dewdney is in his office.

EDGAR Ah! Mr. Bonneau, you've come.

PASCAL Yes, Excellency. I've received your message, and so I came...

EDGAR Good then. Enter.

PASCAL It must be pretty important to have me summoned at night like that...

EDGAR Yes! I must speak frankly and discretely with you. But don't just stand there! Enter... and close the door behind you.

PASCAL If it's about a contract for building roads, I can assure you, Mr. Dewdney, that even if I have lost some men... well, you know, they went to work for Légaré and for the Scout brigade... well, I'm sure that I can recruit some others...

EDGAR I see! Be assured, Mr. Bonneau, that we recognise the good work that you do for us. But, this is not about streets. It's a quite different task that I'm proposing.

PASCAL A different task...

EDGAR A new task, yes... an important matter.

PASCAL Well then, Mr. Dewdney, a new contract would be quite welcome! I'm sure you know that these are not easy times, especially for my store.

EDGAR A contract? Hmm, we could, I suppose, see it that way... It concerns the affairs of State.

PASCAL Of State? So then, it's not...

EDGAR Yes... a request from Ottawa, on a matter of national security. It is, therefore, very important - one might say urgent - and I'm being asked to act quickly. I cannot accomplish this task without soliciting the collaboration of a person in whom I can place my complete trust. *(Pause.)* So, when I looked around me, in Regina, asking myself who might this person be... I saw right away... Mr. Bonneau, you are the only man that I can entrust with this mission.

PASCAL Oh...

EDGAR You seem skeptical?

PASCAL I beg your pardon, Mr. Dewdney. It's just that... it's that the last time you used those words... well, it didn't turn out to be a good deal for me.

EDGAR I see.

PASCAL When you asked me allow Madame Riel to stay at our house while waiting for her husband's trial, you said exactly that: "You are the only man that I can trust with this mission."

EDGAR And you quite willingly accepted it.

PASCAL   Yes, because I did not think that I had any
              choice in the matter. But taking in Madame
              Riel, that hasn't been...

EDGAR   And we are grateful! You know as well as I, Mr.
              Bonneau, that Mrs. Riel could not stay at the
              hotel. The town is in quite a stir; and there is
              a great deal of animosity toward the Breeds,
              and especially towards the prisoner. I must
              maintain order. For the good of this town and
              the territory, I must maintain order... and to
              do that I must ensure Mrs. Riel's protection.
              You receive from us, I believe, an adequate
              sum to cover her lodging.

PASCAL   Yes, well it does cover what she manages
              to eat. Poor thing... she should be eating
              for two, but tormented as she is, she barely
              touches what Célina puts on her plate. And,
              the only thing that she wants is to go see
              her...

EDGAR   It's sufficient then.

PASCAL   For her lodging, yes, but it doesn't
              compensate for the other losses! You are no
              doubt aware that since her arrival, I've lost
              most of my clients at the store. The people
              don't come in anymore. It is very bad for
              business!

EDGAR   For that also, I am trying to help you.
              Everything that I do, Mr. Bonneau, I do to
              attract more settlers into my territory and
              into this town! More farmers, more ranchers,
              more business people... these are all clients
              for your store.

PASCAL   But the people are back-stabbers and ingrates!
               They think that just because she has a room at
               our house, it means that I am a supporter of
               this Riel! They seem to have quickly forgotten
               what I have done for this town... the first store,
               the church, the streets...

EDGAR   Yes, yes, we know. And you are quite right to
               believe that people are quick to forget. It's an
               important lesson for any good politician... and
               for any good business man, Mr. Bonneau. But
               you are mistaken if you believe that people are
               avoiding your store because of Mrs. Riel.

PASCAL   Why is it then?

EDGAR   It's quite simple. In times of war, people view
               everything in black and white. In the present
               case, there are the English... Protestant, of
               course... and there are the others... people
               associate you with the prisoner Riel because
               you are French and Catholic... and the
               people know quite well that you employ the
               half-breeds.

PASCAL   But Batoche wasn't even a real war! And it
               certainly didn't concern me! I stayed neutral!

EDGAR   Neutral? No one is neutral, Mr. Bonneau...

PASCAL   Even so! Don't they see that I'm doing a good
               thing when I hire the Métis? That I'm killing
               two birds with one stone; not only do I build
               the streets in Regina for a very good price,
               but I'm also employing these poor people
               who otherwise wouldn't know what to do with
               themselves! And... the Métis do a good job.

EDGAR	The people don't see any of that; they are blinded by contempt and by fear. But I am the Governor and I can see all that. And it is precisely for that reason… because you employ the half-breeds… that I chose you for this mission.
PASCAL	Because I employ the Métis?
EDGAR	I can guarantee that you will be generously rewarded if you accept… and if you succeed. It could well compensate for the losses at your store.
PASCAL	So what is this matter?
EDGAR	Very well. Since you ask, let us get straight to the point. *(He shows Pascal a small paper.)* This telegram came today… from Sir John A.
PASCAL	The Prime Minister?
EDGAR	The Prime Minister, yes. He is very… worried. He fears acts of violence back East.
PASCAL	Back East? But what has that got to do with us? With me?
EDGAR	With this business of a half-breed rebellion and the battle at Batoche, tensions have flared up again between Upper and Lower Canada… especially since we captured Riel.
PASCAL	Riel? You didn't capture Riel. You said so yourself; he gave himself up to negotiate. That makes quite a difference.

EDGAR   The essence of a cat's strength when he is hunting mice, Mr. Bonneau, lies in his ruse and his patience. The cat needs only to place himself strategically and to wait; sooner or later, his prey shows itself or comes forth… and then, he takes it… the mouse is his… That's what makes the difference. *(Pause.)* Apparently, the French don't see things the same way.

PASCAL   The French?

EDGAR   Precisely! Because Riel is in prison, there is a great deal of tension in the East; and that tension stems from a very large difference of opinion. In Ontario, the English want Riel to hang; they clamour for this loud and strong. Are they justified, Mr. Bonneau?

PASCAL   I… I don't think that it warrants the death penalty. I think that Riel was only trying to…

EDGAR   The French, however, just like the Liberals, believe that Riel is a victim. They demand his freedom. We know that the Grits did try to convince Middleton to release the prisoner. I'm told that a certain Laurier, a young upstart, has made himself spokesman for this "injustice." I can well see them all, the Grits and the French, plotting to have Riel sprung from my jail. Do you know anything of this, Mr. Bonneau?

PASCAL   I… No, your Excellency!

EDGAR	Sir John tells me... *(He folds the telegram, and puts it away.)* Sir John tells me that, given the extreme volatility of the situation between Upper and Lower Canada, it might be best for the country...that is to say, the eastern provinces...it might be best if this Riel were no longer in jail.
PASCAL	The Prime Minister?
EDGAR	Yes, the Prime Minister! And the opposition, and the French, all want my prisoner to disappear!
PASCAL	Well, they're not the only ones anxious for this to be over with.
EDGAR	So, what the Prime Minister wants, I must carry out...but, you understand, Mr. Bonneau, we cannot simply open the prison gates and let him "disappear" as the others might wish!
PASCAL	What then? You aren't going to have him assassinated! That certainly would not appease the French Canadiens down east. Even if you believe that people forget quickly... the French won't be quick to forget the assassination of Riel!
EDGAR	Of course not! I'm not a Barbarian! *(Pause)* But, let us consider the following: if Riel managed to leave the prison...if he managed to escape and return to Montana... this could perhaps come to pass with the help of your half-breeds... well then, Riel would no longer be in prison, and it would not be the Englishman's doing, nor the Frenchman's fault. The tensions

in Eastern Canada would eventually ease, would they not, Mr. Bonneau?

PASCAL Wait! You are asking me to…

EDGAR It is the Prime Minister's order.

PASCAL But, I am a business man! Not a…an outlaw!

EDGAR And we are discussing business, Mr. Bonneau! Payment due for services rendered. Riel must be freed, and it must happen without implicating my office… or that of the Prime Minister. That is the proposed order of business.

PASCAL Business? I was hoping for a contract… but to storm the prison? No! I can't do that!

EDGAR I'm not asking that you carry this out yourself. I am aware that you posess a certain influence on the half-breeds from the South, those who have worked with you.

PASCAL But they don't work for me anymore!

EDGAR Did you not just state that you could recruit them? I believe that you could well arrange for your half-breeds to come fetch Riel when I tell you that conditions are…favourable.

PASCAL Mr. Dewdney, even if I ask someone else to break the law for me, I would still remain a culprit. I can't!

EDGAR Mr. Bonneau! I am the law in this territory, and I am the one asking this of you! So, rest assured, you will not be carrying out a criminal act.

PASCAL   You are still asking me to put my friends in a very risky situation…I would not want to do that! *(He turns and takes a step toward the door.)*

EDGAR   They're just half-breeds! People expect that kind of behaviour from half-breeds; people would have no reason to suspect your involvement.

PASCAL   They are my friends, Mr. Dewdney! And I do not want to be the instigator of another war with the Métis.

EDGAR   Another war? It is precisely to avoid a war between Upper and Lower Canada that we are doing this! It is certainly worth risking a few half-breeds for that, don't you think? And we wouldn't want the Liberals to handle this matter! Must I also remind you that this is the Prime Minister's request? Who are you to refuse him?

PASCAL   I…

EDGAR   And keep in mind that other contracts awarded by this office might well depend on… services rendered. *(Pause)* I believe that it is in your best interest, Mr. Bonneau, as a good business man, to give this offer serious consideration.

PASCAL   Am I to understand, then, that I cannot refuse?

EDGAR   Excellent! I see that we are in agreement!

PASCAL   That's just great! I don't see how I can come out ahead with this.

EDGAR	We have already told you that you will be rewarded if you succeed!
PASCAL	Succeed or not, I will be ruined if people find out that I'm involved with this.
EDGAR	I would caution you, therefore, to be discreet.
PASCAL	Discreet?
EDGAR	You understand, don't you Mr. Bonneau, that if perchance you do not succeed, if the police intervene… I will, of course, be obliged to deny that we have had this meeting!
PASCAL	Of course…
EDGAR	Go fetch your half-breeds and keep them ready, outside the town. I will send a messenger to let you know when conditions are favorable for their work. Very well. Consider the matter sealed. The meeting is terminated. *(Bonneau remains pensive.)* As always, it has been a pleasure doing business with you, Mr. Bonneau. Please close the door as you leave. Good night.

(Fade out on Dewdney)

PASCAL	What about the payment?

Act 1 Scene IV – Tonight
Pascal returns to Marguerite.

PASCAL	So, I don't have any choice but to try this…

MARGUERITE	He's going to do that, Mr. Bonneau?
PASCAL	...and I'm not even sure that I will be paid!
MARGUERITE	He's going to attack the prison, and he's going to free Louis?
PASCAL	We are going to try.
MARGUERITE	Why didn't he tell me this before?
PASCAL	I couldn't! I've got too much at stake!
MARGUERITE	But Louis, he's my husband!
PASCAL	I know, but I didn't want to take any chances!
MARGUERITE	And me? Bonneau, he could lose his store, but me I could lose my husband! Why didn't he ask me first?
PASCAL	Ask? I didn't see a requirement for permission, Madame Riel! I know that you want to see him. And they didn't give me any choice!
MARGUERITE	But attacking the prison where, Louis, he is held? That's not an easy thing that! He needs a good plan... and some good soldiers!
PASCAL	We have that! And more! We have...
MARGUERITE	And it's dangerous!
PASCAL	There's a certain degree of risk, but my men are ready for that.
MARGUERITE	And for Louis, it's dangerous too?

PASCAL	That's what I've been trying to explain. We've taken all possible measures to ensure that there is no danger for Louis! Even Dewdney is on our side!
MARGUERITE	Does he have a good plan, Mr. Bonneau? Can he guarantee?
PASCAL	Well, in a venture like this one we can't always...
MARGUERITE	But he has to guarantee that, Louis, he is going to be alright!
PASCAL	They've reduced the number of guards tonight!
MARGUERITE	Tonight? He's going to do this tonight?
PASCAL	*(Pause)* Yes. It's tonight.
MARGUERITE	I'm going to see Louis tonight? *(Pause. Pascal does not respond.)* I'm going to see my Louis tonight, eh, Mr. Bonneau?
PASCAL	Please, Madame Riel, I haven't explained everything yet. You should sit down... please.
MARGUERITE	Why am I not going to see him tonight?
PASCAL	Because...
MARGUERITE	If he's going to take Louis from the prison tonight, I want to see my Louis tonight! Why doesn't he bring him here?

PASCAL	Because... well, I can't bring him here tonight. That would be too risky!
MARGUERITE	Risky?
PASCAL	Yes, and dangerous!
MARGUERITE	For who? For Louis, or for you?
PASCAL	For Louis, of course! Can you imagine what they would do to him if they found him here after he broke out of their prison? And yes, it's risky for me too. I would lose everything if they associated me with his jail break! And it's even dangerous for you.
MARGUERITE	I'm not scared!
PASCAL	You should be afraid...
MARGUERITE	I want to...
PASCAL	... for him.
MARGUERITE	Louis, he's not scared too! Louis, he's a chief!
PASCAL	A chief!
MARGUERITE	And, Louis, he's my husband. He would want to see me!
PASCAL	The fact that he's a chief does not mean that we should let him do some other foolish things!
MARGUERITE	Mr. Bonneau!

PASCAL   A chief! Ha! God knows that Dumont and... and company have already done enough with their battle! They lost their battle! Did that help the Métis?

MARGUERITE Louis, he's still going to try!

PASCAL   But, we don't have to put anybody else... you and the little one... in danger! And as for me ... I don't want to lose everything that I've built!

MARGUERITE And me, I have already lost everything that I had at Batoche! *(Pause. they glare at each other for an instant.)* Louis, he is everything for me now... and I don't want to lose him! So if I can't see Louis tonight, it's just like I'm losing everything.

PASCAL   Madame Riel! You haven't lost everything! You still have what is most precious... your children! And there's the little one that's still inside you. You have to think about that one too! And I am trying to give you back your husband... and you will have him! You will see him! It's just that I can't bring him here tonight.

MARGUERITE Then where is he taking him? And when is it I'm going to see him?

PASCAL   You'll see him soon.

MARGUERITE When?

PASCAL   If everything goes according to plan, it could be in... four or five days.

MARGUERITE Five days?

PASCAL	Well, I'm not sure… not more than a week.
MARGUERITE	He's not sure now?
PASCAL	I'm not used to undertaking this kind of thing… so I can't guarantee.
MARGUERITE	Éhé! Mr. Bonneau, he's not sure of his plan!
PASCAL	To tell you the truth, it's not my plan. I'm just a merchant, so I…
MARGUERITE	Mr. Bonneau, he's just a merchant, a trader! But he shouldn't be trading with Louis his life!
PASCAL	But I have complete faith in the men who are helping me.
MARGUERITE	And, what men is that, Mr. Bonneau?
PASCAL	Some Métis.
MARGUERITE	Some Mitchifs? What Mitchifs?
PASCAL	Some Métis from the Wood Mountain.
MARGUERITE	Those ones that didn't come and help Louis and Gabriel at Batoche!
PASCAL	They couldn't; the government stopped them.
MARGUERITE	Éhé, and now, the government, it pays them to stop their Mitchif brothers if they catch them coming from the North.
PASCAL	Listen! The Scout Brigade… that was a pretext to stop them from joining up with

Dumont. But I don't think that they've stopped a single Métis fleeing from Batoche.

MARGUERITE   But how can he be sure that they are not against Louis? And, how can he know that they have got a good plan?

PASCAL   Because I know them; they are good men. They wanted to go to Batoche...

MARGUERITE   They said that to Bonneau?

PASCAL   Yes! And I believe them! Because they have never lied to me.

MARGUERITE   Maybe they are good Mitchifs, but do they have a good plan? Bonneau, he's just a trader! How can he know that they have a good plan?

PASCAL   Well... I believe that it's Dumont's plan; so I trust them.

MARGUERITE   Bonneau, he saw Gabriel?

PASCAL   No, but when I went to get Gaudry... André Gaudry... that's what I understood.

Act 1 Scene V - The Accomplice
Pascal picks up a saddle bag and goes to the other side of the stage. André Gaudry enters; they are at his camp.

ANDRÉ   Eh! Mr. Bonneau! He found Gaudry in his scout camp! He honours Gaudry that he comes to see him! Bonneau, he's a friend. *(He offers Pascal his hand.)*

PASCAL	Hello André.
ANDRÉ	Eh! And maybe he's tired that he rode the trail all the way on his old horse! So come and sit, Mr. Bonneau!
PASCAL	I'm not too tired; but the old horse... well it would do him some good to rest and to graze a bit.
ANDRÉ	The old horse, he can eat all he wants... the Prairie it belongs to everybody.
PASCAL	Thank you, André. *(He sits)*
ANDRÉ	So, did he come here to get Gaudry for some work?
PASCAL	Actually, André, I did come to offer you another job, for you and for a few men.
ANDRÉ	Well, he knows that, Gaudry, he's a Scout now and he's patrolling the Plains to catch the rebels from the North. *(He laughs.)* So then, if, Bonneau, he's a rebel, well he's in big trouble. Because now, Gaudry, he has to take him straight to the police. *(He laughs.)*
PASCAL	*(Laughing as well.)* Well, if I were a rebel, like you say, I can see that I might have cause to be afraid. No. I just came to see you... to see if you might want to do something else.
ANDRÉ	Something else? What for? The Scouts, they have a good pay and the work it's not hard. Hey! They spend most of the day on their horse! Can't have nothing better than that,

eh? And when they don't find no rebels... *(chuckle)* because there's no rebels... well then they hunt the chicken or the deer. Cré, that's a lot easier than making the roads for Bonneau.

PASCAL   I can still offer an old friend some work... and we'll see what he does from there.

ANDRÉ   He can do that. Gaudry, he's listening to Bonneau, because, Bonneau, he's a friend. And if that work it's better than the Scout work, maybe, Gaudry, he's going to work with Bonneau. Éhé! He's going to get some men and they're going to build the roads in Oskana... maybe. And, if the work it's not good, maybe, the men, they're going to keep on with the Scouts and hunt deer on the trail; they're going to get the meat so that, their woman, she can make the pemmican for winter.

PASCAL   Very well. I'll explain it to you first, and then we can offer it to your men. But before we start... *(He retrieves a bottle from his bag.)* It's our tradition, right? We take a little drink, and then we talk. *(He takes out two shot glasses and places them on a crate.)*

ANDRÉ   Well thanks, Mr. Bonneau. But the boss he don't want the Scouts to drink when they do the scouting. And, Gaudry, he knows that if he drinks the whiskey, the hunting, it's not going to be good! Maybe if he sees a buffalo... well he might shoot that buffalo right in the ass when he wants to shoot him in the heart.

PASCAL	Well, if it's all the same to you, André, I think that I'll have a little bit, just to rinse my throat. I'm not hunting, so I'm not likely to shoot a buffalo in the ass. *(He pours himself a shot, salutes André, and drinks it straight.)* Aaah!
ANDRÉ	*(He sits as well.)* It's good, eh? It washes down the dust?
PASCAL	It is good. And, it helps to loosen the tongue a bit. It's going to help me explain the deal.
ANDRÉ	Is it a pretty big deal?
PASCAL	We're alone here?
ANDRÉ	Éhé! Gaudry, he's all alone here.
PASCAL	*(Placing the bottle between them.)* We can talk in private?
ANDRÉ	Bonneau, he can talk. *(André goes to take the bottle, but Pascal keeps his hand on the bottle.)*
PASCAL	Let's just start by saying that it's Governor Dewdney himself who asked me to do this job.
ANDRÉ	Dewdney! Abain! It must be a big deal!
PASCAL	It's certainly too big for me alone...
ANDRÉ	So then, Dewdney, he's offering the big deal to Bonneau just like he made the deal with Jean-Louis.

PASCAL	What? Dewdney offered? *(He lets go of the bottle, and André seizes the opportunity to pour a shot.)* I thought that it was Légaré who suggested the Scouts...
ANDRÉ	And it's not going to change anything for the pay *(He drinks.)* ...because it's already Dewdney that's giving the money to the Scout brigade for them to pay Gaudry. *(He laughs.)*
PASCAL	I don't know if the pay will be the same, but he promised to pay well. We need some good men at Regina to...
ANDRÉ	Dewdney, he needs the Mitchifs in Oskana now? With all those white men over there that don't like the Mitchif? Namoya! Gaudry, he doesn't believe that! *(He pours himself another shot and stands.)* Bonneau he's not going to come here and tell some hogwash now! *(He drinks his shot and turns his back.)*
PASCAL	Wait. This work isn't in the town, and it has nothing to do with streets either.
ANDRÉ	Bonneau, is he going to say what it is this deal?
PASCAL	Dewdney received a message from Ottawa. It seems that since they captured Riel...
ANDRÉ	Captured Riel? Namoya! Gabriel he said...
PASCAL	Gabriel? You saw Gabriel Dumont?

ANDRÉ	*(Pause. He steps closer as if to talk in private.)* Éhé! Gabriel, he stopped in Gaudry's camp; he drank the tea… and then he said that, Riel, he don't want to go back to the Montana… so he surrendered to the General.
PASCAL	Well I'll be! And you didn't stop him? Wasn't Dumont fleeing from Batoche? He's a rebel…
ANDRÉ	Namoya, Mr. Bonneau! *(Grins.)* Gabriel, he's not a rebel! He's just an old buffalo hunter that was going back to the Dakota.
PASCAL	*(Chuckle.)* I see… And Riel?
ANDRÉ	*(Pause.)* Eh! Ever since, Riel, he's in prison… the Mitchifs from the Wood Mountain they're regretting… they talk about how they should have gone up there to help Gabriel Dumont.
PASCAL	You know very well that they prevented you…
ANDRÉ	Éhé, but now they have a heavy heart; they should have gone to Batoche and fight with Dumont and Riel and the other Mitchifs over there!

Pascal comes over to André, with bottle in hand.

PASCAL	We could still do something, you know… to help Riel.
ANDRÉ	Éhé! The Mitchifs, maybe they're going to do something.

PASCAL	*(Pours André a glass.)* You're thinking maybe about going to get Riel; getting him out of prison?
ANDRÉ	Gabriel, maybe he's got a plan. *(He takes a sip of the whiskey.)* Gabriel, maybe he's going to come back from the Dakota, with some guns, and then, the Mitchifs, they're going to go get Riel in his prison and they're going to take him to the Montana. *(Another sip to finish his glass.)* Maybe.
PASCAL	It might be a good plan. But…
ANDRÉ	Éhé. Gabriel, he's got a good plan… maybe.
PASCAL	Well… maybe if you wait for Dumont… it will be too late… maybe.
ANDRÉ	Bonneau, he knows something maybe that Gaudry doesn't know?
PASCAL	For the time being, Riel is being held in the Mounted Police prison, four miles from Regina. But Dewdney is building a new prison in the centre of the town. Riel will be moved there in less than two weeks. And then it will be much harder, even for Gabriel Dumont, to go get him. There are too many people in the town; Riel will be too well guarded.
ANDRÉ	They're going to have too many police in Oskana?
PASCAL	And they'll have better guns than the Métis, and they'll have cannons! It would be a massacre…

ANDRÉ   Cré! The Mitchifs they're not going to go do like the buffalo that's spooked and that runs in the buffalo jump where there's cannons that's waiting to massacre them!

PASCAL   But we could still, maybe, go get Riel, get him out of jail... without risk... without risking a massacre... (*He returns to his sitting place and sets the bottle on the crate.*) if the Métis listen to what I have to offer.

ANDRÉ   It's good then. Bonneau, he's going to talk and, Gaudry, he's going to listen. (*He joins Pascal and puts his glass on the crate.*)

PASCAL   Well, as I was saying, it's Dewdney himself who asked me to do this. (*Pause.*) He has to find somebody who can take Riel out of the prison so that it doesn't look as if it's what the government wants.

ANDRÉ   And, Dewdney, he asked Bonneau to do that?

Pascal nods yes and slowly pours whiskey into both glasses.

ANDRÉ   Éhé, he asked him...

PASCAL   I have to get Riel out of the prison before his trial... and the only way that I can do that is with the help of my Métis friends. (*He hands a glass to André.*) Then we will see what we can do... together.

He raises his glass to salute André, who does the same; they drink together.

ANDRÉ (*He chuckles.*) So now, Dewdney, he wants that, the Mitchifs, they make war with his police. Abain!

PASCAL Not a war, André. Just getting Riel out of prison, and taking him to a safe place...

ANDRÉ With, Gabriel, his plan, maybe...

PASCAL So, we're going to do it?

ANDRÉ (*Pause.*) Éhé! (*He places his glass on the crate, and begins to pace, gesturing enthusiastically.*) They are going to put some good horses every ten miles between Oskana and the Montana. Gaudry, he's got the best horses! He's got the race horse... Beddick, he's the fastest horse in all the territory!

PASCAL Excellent! And we'll need a dozen of your best men.

ANDRÉ Éhé!

André exits. The action resumes in the office.

Act 1 Scene VI - To Montana

PASCAL I think that it's a good plan. You will see your husband soon... you will be going to join him in Montana.

MARGUERITE In Montana?

PASCAL	He wouldn't be safe here, or anywhere else in Canada.
MARGUERITE	But, Louis, he doesn't want to go back there!
PASCAL	It will be better for him… and for you.
MARGUERITE	There's nothing over there for us!
PASCAL	There's nothing for you here if he stays in prison! Don't you see that?
MARGUERITE	Louis, he's still got his mission…
PASCAL	His mission? Well, he'll have to take up his mission in Montana.
MARGUERITE	He can't speak for the Mitchifs when he's in Montana!
PASCAL	Well, he can't parley for the Métis when he's in the prison in Regina either!
MARGUERITE	Éhé, he can try. Louis, he wants to try…
PASCAL	It won't do any good, because it takes two parties to have a dialogue.
MARGUERITE	Louis, he's going to parley with Dewdney!
PASCAL	Listen! Dewdney is having a new prison built, and a courthouse, just for Riel's trial. Do you think he would go to all that trouble if he intended to discuss the situation? And your husband will certainly be accused of treason; Dewdney won't allow himself to be seen negotiating with a traitor.

MARGUERITE	Louis, he's not a traitor! He always did the right thing... Louis, he did everything to help his people, to protect their land and their ways... the Mitchif people, they are Canadian people, they have rights too.
PASCAL	I know.
MARGUERITE	Louis, he wrote some petitions for their rights... and for the rights of the French too, Mr. Bonneau! That's not acts of treason that!
PASCAL	Unfortunately, that's how it is in times of war, Madame Riel. They have captured a Métis chief, and they will accuse him of treason...
MARGUERITE	And they didn't capture Louis!
PASCAL	What I mean is that they are holding a Métis chief in their prison, and they will want to make an example of him.
MARGUERITE	An example?
PASCAL	A public trial, and then... But it won't come to that, because we are going to take him out of prison and we will bring you your husband! *(Pause.)* We will bring him to you safe and sound.
MARGUERITE	In Montana.
PASCAL	In any case, Dewdney isn't the one who decided on Montana. It's Prime Minister Macdonald who wants us to get Louis...
MARGUERITE	Macdonald wants that?

PASCAL   Yes. According to Dewdney, it's the Prime
                Minister himself who…

MARGUERITE   Wait, Mr. Bonneau! You can't do that!
                Namoya! We must not take Louis out of the
                prison now!

PASCAL   What? I thought that you wanted to see him.

MARGUERITE   Not like that, Mr. Bonneau!

PASCAL   To see him a free man would be better than…

MARGUERITE   You don't understand! If, Louis, he knows that
                it's Macdonald who wants that… Louis, he
                would do anything to go against Macdonald…
                it makes fifteen years! Mr. Bonneau… it makes
                fifteen years that, Louis, he's fighting with
                Macdonald to help the Mitchifs! Macdonald,
                he always refused to listen to Louis. He has
                become his worst enemy! He's the one who
                already chased Louis to Montana once. Now
                that, Louis, he accepted to give himself up to
                General Middleton to parley with Dewdney…
                well, if he knows that it's Macdonald who wants
                to get him out of the prison, he wouldn't want to
                go! And he would never want to let Macdonald
                chase him to Montana another time!

PASCAL   There's nothing else we can do.

MARGUERITE   But you have to do something! Bonneau, he
                can stop this. We have to stop this!

PASCAL   Now that everyone wants to see Riel get out
                of prison… the French Canadians out east,
                the Liberals in Ottawa, the Métis and even

the Prime Minister! Now you… you don't want this anymore? The wife of Riel doesn't want to see him get out of prison?

MARGUERITE When it's the same person that was his enemy before and that wants to set him free now… well now, Mr. Bonneau, the wife of Riel, she doesn't trust anymore and she wants for Bonneau to stop this thing now!

PASCAL Madame Riel!

MARGUERITE Right now!

PASCAL I'm afraid that at this hour, it's too late to stop it. At this very moment, my men are preparing to take the prison by force! *(Marguerite sits; pause.)* But you need not worry; my men are quite skilled and capable. They will free Riel. And then they will escort him to Montana.

MARGUERITE But he does not understand! It's going to break his heart if they chase Louis to Montana again…

PASCAL We are not chasing him. We are taking him to a safe place, that's all!

MARGUERITE Poor Louis. There's nobody that understands you…

PASCAL And you'll see, it's going to work out well; my men are well organized; they know the land and even if the police followed them, they won't be able to catch them. *(Pause.)* We will explain to him that his family, you and the children… you will be protected and escorted to join him there. In the meantime…

MARGUERITE	So then…
PASCAL	We will bring you to Qu'Appelle to take the train, because here…
MARGUERITE	So then, all that! All that, it was for nothing! All these years waiting in Montana. All the work that Louis did at Batoche… for the Mitchifs… for them to keep their lands! What is going to happen to the Mitchifs now?
PASCAL	The Métis will continue…
MARGUERITE	The English are going to come and take all the Mitchif lands.
PASCAL	Of course not! That's not what he said…
MARGUERITE	Éhé! Like they did at the Red River! They chased away the Mitchifs, and they took their lands; and now they have chased the Mitchifs from Batoche too!
PASCAL	The Métis will always have a place.
MARGUERITE	Batoche that was our place, Mr. Bonneau!
PASCAL	The Wood Mountain is still a good place for the Métis.
MARGUERITE	The Montagne, that's just a big camp for hunting the buffalo! But now there's no more buffalo!
PASCAL	It's more than just that. I know; I've seen it. There are good Métis families over there. They have ranches now, horses and cattle.

Ranching could be a good life too. If I didn't have to mind this store, that's where I would be as well... with my oldest son... him too. He has a good ranch there.

MARGUERITE   And, they don't have a river at the Wood Mountain.

PASCAL   A river? That's not absolutely necessary; here, at Regina, there's no...

MARGUERITE   Éhé! That is necessary! A river that flows, that's like the blood of the Mitchifs. The river at Batoche, that was life, that.

PASCAL   There's more to life than that! You have to have faith, Madame Riel. The Métis will always be there.

MARGUERITE   But us, we are going to be in Montana!

PASCAL   And you will be alive in Montana! You, your Louis and your children. Together!

MARGUERITE   Was it for that that, Louis and Gabriel, they fought the battle here? Was it so that this little one he can dip his moccasins only in the creeks in Montana? So that we go back there and live like miserable wretches that have only a small room at the back of the rectory for all the family? So that we can beg for charity everyday just to feed the little ones? Namoya! Mr. Bonneau! Louis and Gabriel, they didn't fight the battle at Batoche for that! The Montana it's not a Mitchif land!

PASCAL   Montana is still...

MARGUERITE   It's not Batoche! Batoche that was our place, Mr. Bonneau! That was our place. *(Pause.)* Batoche... that was so nice... the little Mitchif village down in the coulee on the banks of the river... that was really beautiful over there! Our house, it was there... our first house, for me and Louis, it was there... it was peaceful and we were happy...we felt rich because that whole house it was for us... We were all rich at Batoche... and we didn't have to move, to change the camp; we were living in a real house, in a real village, a Mitchif village. Everything was so good there! It was good when I held the children's hands and I knew that they were happy, them too. And when we climbed that hill to go to the church, it was like climbing towards heaven... the sun that was so warm and the breeze that was caressing our cheeks... the birds that were calling us with their songs, and the eagles that soared above us like they were angels... And the land it was good, it was smelling sweet. When we walked in our moccasins, the land at Batoche it caressed our feet. That was good, that... And at the top of that hill, we knew that we were in heaven, because we could see far, we could see everything.... the river and the forest that is on the other side. We could see all the lands around that had Mitchif families living there. We could see right up to the bend, where there was Madeleine and Gabriel's house... and there, it was like that river flowed right out of their house to come to Batoche. That was nice, all of that... And when the wind was singing in the fields and in the poplars, we could hear Mitchif voices, because the wind always passed over a Mitchif land before getting to Batoche. Éhé, Batoche it was very beautiful. It was our place…

PASCAL

(*Pause.*) You may be right: Batoche *was* beautiful… but it isn't anymore.

MARGUERITE

Batoche, it could be again…

PASCAL

Batoche is the past. The past is a land that we view from afar, but where we no longer go. (*Pause.*) The Wood Mountain could become…

MARGUERITE

Namoya, Mr. Bonneau. Not like Batoche!

PASCAL

Well why not? There are good Métis families…

MARGUERITE

There's still maybe some Mitchifs at the Wood Mountain, but… but, the Mitchif, chiefs them, they are going to be chased to Montana!

PASCAL

The chiefs?

MARGUERITE

The chiefs they won't be able to parley! Louis, he needs to parley.

PASCAL

Well, maybe the chiefs should have done otherwise! Maybe the Métis chiefs should have thought more about the Métis people before acting! Maybe the Métis chiefs should have thought about that little one first!

MARGUERITE

The chiefs! (*Pause.*) I'm listening, Mr. Bonneau.

PASCAL   Good...

MARGUERITE   I understand that when he talks about the Mitchifs, his words are good.

PASCAL   Well, the Métis are my friends.

MARGUERITE   But when he talks about the Mitchif chiefs, about Louis and Gabriel, I feel that he his hiding what is really in his heart.

PASCAL   I don't really know your husband, and I don't know Dumont, but...

MARGUERITE   But he judges them!

PASCAL   I'm not judging them!

MARGUERITE   Bonneau, he judges their actions!

PASCAL   I... *(Turning away.)* Perhaps.

MARGUERITE   How can he judge their actions? He never walked in their moccasins.

PASCAL   I know what I'm talking about, Madame Riel!

MARGUERITE   Bonneau doesn't know!

PASCAL   I know that the battle was... things never should have gone that far!

MARGUERITE   He can't know that! He never walked in, Louis and Gabriel, their moccasins!

PASCAL	But my father's boots followed the same path! *(Pause.)* I know because my father's story is exactly the same... the same kind of conflict, same kind of battle, same kind of folly!
MARGUERITE	It could not be the same.
PASCAL	Listen, the Métis aren't the first people that they crushed in this country! The Canayens too! In 37, in Lower Canada, the Canayens... the French... they were suffering, just like the Métis at Batoche.
MARGUERITE	The English they wanted to take their lands too?
PASCAL	The problem wasn't with the lands; it was a question of being able to decide for themselves. But the English controlled everything and the French were not even masters of their own homes. It was... Listen, Riel formed a provisional government in Manitoba, because Ottawa ignored the Métis demands, because Ottawa controlled everything! Well, in 37 the Canayens wanted the same thing. *(Pause.)* The English Governor always ignored the Canayens' demands. So Papineau - he was the chief of the Patriote Party - Papineau sent a petition to the Parliament in London asking for a series of reforms that would help the Canayens.
MARGUERITE	Like Louis did for the Mitchifs.
PASCAL	Exactly.
MARGUERITE	And the government, they didn't respond to him either?

PASCAL On the contrary, it did respond... by giving the Governor even more powers. So Papineau, like any good chief, organized some public meetings to find other ways of pressing the government. The Governor, when he saw that, thought that the Canayens were organizing a revolt! He proclaimed martial law, and he sent British soldiers to arrested the Patriotes' leaders and put them in prison.

MARGUERITE That was not right, that! So, then what did Papineau do?

PASCAL The Canayens didn't have any choice; they reacted...

MARGUERITE Like the Mitchifs.

PASCAL Perhaps! A few of them, the hot-headed ones, decided to take their guns to go free their leaders.

MARGUERITE Éhé...

PASCAL But, just like the Métis, they didn't understand that by taking up arms against the government they effectively put justice on the government's side! The Governor had the pretext he needed to state that the Canayens had started a revolt, so he sent 500 armed men to dismantle the Patriotes' camp. But the Patriotes resisted...

MARGUERITE Like the Mitchifs at Tourond's Coulee...

PASCAL   It was their only victory. The Governor had
                more men and more rifles at his disposal...
                always more men and more rifles. He sent
                1500 soldiers the second time and the
                Patriotes were crushed... just like at Batoche.
                (Pause) My father, well, he carried a rifle in
                Papineau's band... and it was absolutely all
                for nothing. When you talk to the government
                with guns, it doesn't hear anything else! But
                it quickly lets you hear its cannons! And the
                government is the stronger one... always.

MARGUERITE   What happened after that... to your father?

PASCAL   The Patriotes' leaders were charged with treason,
                and a dozen of them were hanged... *(Marguerite
                places her hands on her stomach, visibly
                worried.)* to set an example. My father rotted
                awhile in prison, waiting for the deportation boat
                to ship him to the far ends of the Earth. But they
                put a stop to the deportations before it was his
                turn. In the meantime, he got a good taste of
                the guard's whip.

MARGUERITE   *(Pause.)* She suffered a lot, your mother?

PASCAL   My mother? Those events almost killed her!
                My father in prison, condemned to exile,
                nobody to look after the family... when she
                needed him most!

MARGUERITE   What about you, Mr. Bonneau?

PASCAL   Me? In 37, I wasn't yet... *(Pause.)* When I look
                at you, Madame Riel, I can't help but think of
                my own mother. In 37, she was like you. In
                37... Me, I was like the little one in your belly.

MARGUERITE   That's why...

PASCAL   That's why I don't want all of this to happen to you and to the little one. I don't want Louis to be like my father. That's why I'm trying to bring him to you, in a safe place. And Canada is no longer a safe place.

MARGUERITE   *(Pause.)* Namoya, Mr. Bonneau. Louis, he's not like your father.

PASCAL   If you consider that his stay in prison was all for nothing, that it didn't help my mother, then, yes, he was just like Riel.

MARGUERITE   But Louis, he's not there, in prison, for nothing! He's a chief; and he's going to parley...

PASCAL   Well, it's a good thing that my father wasn't a chief! Because the chiefs were almost all... *(Pause.)* I know that the battles were all for nothing. It's a good thing that, like you, my mother didn't witness the battles! She never could have...

MARGUERITE   Well us... we saw the battle! We heard the battle! We had no choice. The battle, it happened in our village!

PASCAL   What? You were there?

MARGUERITE   Éhé. We were there.

PASCAL   You had stayed in the village, in your houses?

MARGUERITE   Not in the village, Mr. Bonneau, but it wasn't very far...

PASCAL	Where were you?

Pause.

MARGUERITE	When, the English soldiers, they were coming close, Gabriel, he said that, the women, the elders and the little ones, they had better hurry and hide outside of Batoche. So, he sent some men to prepare a camp north of the village.
PASCAL	In that, he did the right thing.
MARGUERITE	The families, we left quickly... we left everything in our houses.
PASCAL	At least you had shelter.
MARGUERITE	It was not a real camp... we were not all together and, we did not have any tents. The men, they made this very fast, so the camp was just some holes dug in the woods and in the river bank; some holes covered with blankets and hides. And that's where, the families, they were hiding... in holes... like some gophers that were afraid of the hawk.
PASCAL	That couldn't have been very pleasant...
MARGUERITE	It's not all the families that were there; Madeleine Dumont, and a few other women too, they had stayed in the village.
PASCAL	What?

MARGUERITE   They stayed to help the men. But Louis...
(She places her hands on her stomach.)
Louis, he wanted so much to protect us; so,
I was hiding in a hole with Jean and little
Marie Angélique.

PASCAL   At least you were safe... far enough from
danger...

MARGUERITE   Not far enough... we could not see, but
we could hear... We could hear the English
bugles, the bugles calling to the Mitchifs to
let them know that the soldiers had arrived
and that they were stronger than them! We
could hear our men calling back too... with
war cries... to let the English know that, the
Mitchifs, they were strong too! It was... It
was like the bear and the wolf that were
snarling at each other, showing their teeth
because they both want to eat the same
carcass. And we knew that they were going
to fight. When I heard the first gunshots, I
could feel them right in my heart... because
I knew that Louis was there... because the
wolf when it is alone, it can't take the prize
from the bear. *(Pause.)* And, they did fight.
When, the guns, they stopped for the first
time, we could hear the Mitchif cries of joy...
they were victory cries! So, we came out of
our hiding place to see. *(She stands and
steps forward, as if to savour the moment
of victory before describing what she saw.)*
There, we saw the Northcote that was
coming toward us... drifting sideways on the
river. The English soldiers on the boat, they
were running around, all excited... yelling
at the captain for him to stop the boat. But

the boat it didn't stop. And then we saw a few of our Mitchif men following it along the river bank to stop the English soldiers from getting off. Well, the boat, it passed by, and, the English, they didn't get off. So then, the Mitchif soldiers, and the families too, they were yelling because they thought that the battle it was already finished, that, the Mitchifs, they had won... that the families they could go back to their houses! *(Pause. She turns back slowly to centre stage.)* But, Gabriel and Louis, they came and they said that, the battle, it was not finished, that, the English, they would attack again tomorrow. *(Pause. She sits on the floor.)* So, we went back to our hole, like gophers, for the night. But I could not sleep now. I tried to listen. I couldn't hear, but I knew that the bear and the wolf they were getting ready. The little ones, they were too cold; Gabriel, he had said "No fires!" I tried to hold them close to warm them up. Little Marie-Angélique, she was crying because, Louis, he wasn't with us... because she was hungry too. I sang to get her to sleep... Hey ya hey! *(She sings a Cree lullaby, a melodious "Hey ya hey!")*

CURTAIN
INTERMISSION

Act 2 Scene I - The Rababou

Marguerite is seated on the floor; she appears to be sleeping,
but we can still hear her singing softly "Hey ya hey!" Pascal is
in the same position as at the end of the previous scene. The
music for "Hey ya hey!" plays softly while the lights come up.
The music is interrupted by the sound of rapid gunfire. Pascal
does not hear this, but Marguerite is startled. She awakens and
stands to pursue her monologue.

MARGUERITE   Gunshots! Lots of gunshots! When I woke
up, I could hear gunshots! So many gunshots
that I thought, the English, they had ten
times as many soldiers now and they were all
shooting at the same time! It was the Gatling
gun... the rababou... that was shooting so
many bullets! So fast! Without stopping! I
could not understand... And I could not hear
the men anymore, because the rababou...
it didn't stop... (Pause.) And then cannons!
They started to shoot with cannons! The
children, they were terrified; they had never
heard thunder like that! Namoya! It was
worse than thunder! I held Marie-Angélique
tight against me. Little Jean he tried to be
brave, but when he heard the cannon, he
came running back into my arms too. They
hid their face because they didn't want to
see or hear... but me, I still could... Aie! The
rababou again! Éhé! I was afraid too! Afraid
for Louis... afraid for our men, because now I
could not hear the war cries anymore. I was
afraid for those other women that were still
in their houses in Batoche... because now
we could see the smoke over the village! I
prayed for the women that were going to
lose their husband or their son... for those
that lost their house... I prayed that it was

not our house that was burning! And then, I prayed for Louis. I tried to pray... but I didn't know who to pray to anymore! The bear and the wolf, they have the same God, no? *(Pause.)* Marie Boyer! Marie Boyer, who lost her husband at Tourond's Coulee, she came to get me to go to the village. "I don't want to go to the village! I don't want to leave the little ones! And, Louis, he said not to go!" *(Pause.)* But I had to go... it was Madeleine that was asking for me... because there was some wounded men now; and, Gabriel, he could already see that, the Mitchifs, they did not have enough ammunition; so the women had to make some. "You have to find lead to make the bullets... plates, spoons, candlesticks, anything that we could melt!" Éhé, the English they had the rababou that didn't stop shooting. The Mitchifs they had to melt spoons and find nails to make bullets! I gave the little ones a hug, and I followed Marie to the village. For a little while at first, everything was quiet... as if the two camps... as if, the bear and the wolf, they were resting. So, we took advantage of this to do our work. I had searched in Mary Anne Parenteau's house and there I found some good spoons. Madeleine will be pleased! Just when I was leaving the house... the rababou! It started up again! The rababou and the Mitchifs' rifles... and still more rababou! I ran to Fidler's house. I just shut the door, and... Aaiiee! The thunder! It broke all the windows, and it threw me to the floor. I didn't know where I was anymore; I thought that I had died and that this was Hell. Aie! More gun fire! Now it was worse than Hell, because now I thought that, the English, they were right there... that they would... that the bear was going to get me! No! I wanted to leave! I wanted... "Louis! Louis! Louis!" I wanted to run! But I couldn't... No!

(Pascal takes a step towards Marguerite, but he stops when she takes up her story.)

MARGUERITE   And then, I heard voices outside... women's voices. "Madeleine!" It was Madeleine... Madeleine who was yelling "Goddam the English!" I could hear Madeleine, and that gave me courage... because she's not afraid of the bear that one. I ran out of the house. I wanted to run into her arms! "Madeleine! Ma..." *(Pause)* "Madame Champagne..." I saw Madame Champagne... and... and Madeleine who was holding the little Champagne girl... the little one that was covered with blood and that was not moving! *(Under her breath.)* Goddam the English!

PASCAL   *(Pause)* The cannon?

MARGUERITE   *(Pause)* The rababou... The rababou, it did not kill a single Mitchif soldier, but it had killed that poor little Champagne girl.[1] I saw, Madeleine, she was holding the little one that was dead, and, me, I tried to hold this little one because I was afraid... and, I could see Madame Champagne who was doing the same as me... holding her stomach, as if her little one was still there inside! I turned away because I didn't want to see anymore... but I could see...

1   According to notes provided by the soldier Walter F. Stewart, the little girl was called Marcile Gratton; she was ten years old. The author learned of her identity only after the first production of the play was under way. The name Champagne was thus kept in the text.

Parenteau's house that was burning... other houses with windows broken... others with gaping holes! I could see that, the houses, they were all empty now... that the village it was empty now... empty like the heart and the womb of Madame Champagne. I ran all the way to the camp, and I held my little Marie-Angélique in my arms; I held her until she went to sleep... Hey ya hey...

PASCAL   Poor dear...

MARGUERITE   *(Pause.)* Louis, he came, and he moved our camp; he took us to the other side of the river, to hide in the forest, but, that was not any better. We could still see the smoke over Batoche. We could still hear the cannons... still hear the rababou. And it was just another hole where the little ones they were still cold and hungry. There was more smoke now... and I saw more women with their children that were crying as they were running away from Batoche... Elizabeth Vandal... Agathe Fleury... Henriette Poitras... Melanie Nault...Josephte Venne... Angelique Trottier... Amelie Fisher... *(Pause.)* The battle, it lasted three days. After that, we went further again... to wait in another hole. I could not see any more, but I knew that Batoche was no longer... Batoche...

PASCAL   I... I'm truly sorry, Madame Riel.

MARGUERITE   Batoche, it was so beautiful before! We were so happy at Batoche!

PASCAL   You suffered too much at Batoche.

MARGUERITE   Maybe... but Batoche, it was our village!

PASCAL   And now, you no longer have Batoche! That's why we have to...

MARGUERITE   Namoya, Mr. Bonneau! Louis, he has to stay! That's why he wants to parley with Dewdney! Louis, he wants to take back Batoche!

PASCAL   Take Batoche back! But that would just be foolish!

MARGUERITE   That... that would be courage, monsieur Bonneau!

PASCAL   It's courageous to go throw oneself into the enemy's prison?

MARGUERITE   *(She steps up to Pascal.)* Madeleine, she said that, courage, it's like the wolf. When the wolf he is cornered, and he is scared... well cré! He shows you his teeth and, his fear, it turns to rage, and, the wolf, he charges straight at you. Madeleine, she said, the Mitchifs, they are like that! The mouse, when it is scared, it just stays there... and it trembles... and it lets you crush it! The Mitchifs, they are not mice!

PASCAL   *(Pause.)* But the wolf, he can run too! Like Dumont...

MARGUERITE   Gabriel, he maybe ran like the wolf; maybe he wants to fight some more. But Gabriel... well he does not understand that, Louis, he made like the wolf too! He charged right away! Maybe he does not have the teeth to bite his enemy, but his words... his words, they are his teeth! Louis he knows how to parley... even if he is in prison! Louis, he's not afraid of the prison!

PASCAL   But he should be afraid of the one who's holding him prisoner!

MARGUERITE   The Mitchifs they are going to rebuild Batoche at Batoche! So, Louis, he has to stay for that!

We hear the sound of the Gatling gun; the two freeze.

PASCAL   What was that?

We hear the Gatling gun a second time.

MARGUERITE   The rababou!

PASCAL   What?

We hear the Gatling gun a third time

MARGUERITE   Éhé! The Gatling gun!

PASCAL   *(He runs to the window.)* It can't be!

MARGUERITE   I heard that before... *(She places her hands on her stomach.)* So I know!

PASCAL   But everyone is at the public meeting!

The Gatling gun fire is more sustained this time. Marguerite sits, holding her hands on her stomach.

| MARGUERITE | Éhé! That... that's the rababou![2] |

Act 2 Scene II - Word of Honour

Marguerite is seated; she rocks herself slowly, her hands on her stomach. She begins to chant nervously "Hey ya hey." Pascal goes to the door and looks out for signs that his men are returning.

| PASCAL | A Gatling gun? What could that be about tonight? |

| MARGUERITE | Mr. Bonneau... |

| PASCAL | It didn't seem to be very close by... outside the town, I think. |

| MARGUERITE | Mr. Bonneau! I'm scared now! |

| PASCAL | You don't have to be afraid; the gunshots... the rababou... I'm sure that none of that was intended for us. |

| MARGUERITE | I am not sure... |

| PASCAL | But of course! It must have been ceremonial fire... a military salute. They do that sometimes. Maybe it was for the Governor. We shouldn't be alarmed about that. |

| MARGUERITE | Mr. Bonneau! I'm not sure that it is going well tonight... |

| PASCAL | How can you say that? Certainly not because we heard... |

2 During the first production of the play by La Troupe du Jour, in 2009, the intermission was placed at this point.

MARGUERITE	Because of the little one.
PASCAL	The little one!
MARGUERITE	The little one, he knows... the little one he is worried.
PASCAL	The baby in your womb?
MARGUERITE	He knows some things, Mr. Bonneau. Éhé! And, the mother of the little one, she knows that the little one knows something.
PASCAL	But how can you know something like that?
MARGUERITE	When, the little one, he is worried, or when he knows that things are not going well, he stops moving...
PASCAL	But a baby can't move all the time.
MARGUERITE	It is like, the little one, he is being still because he tries to hide... because he is afraid...
PASCAL	It seems to me that Célina would have told me...
MARGUERITE	The mother, she knows when, the little one, he is not all right.
PASCAL	And... this little one?
MARGUERITE	Éhé! He is worried.

PASCAL	Well maybe... maybe he's just sleeping. Célina often told me that the babies would sleep in her belly. And the way you were rocking him just now, I wouldn't be surprised if he simply fell asleep.
MARGUERITE	Namoya, Mr. Bonneau. The little one, he does not sleep. He stopped moving before. And that is why I was rocking him.
PASCAL	But maybe it's just you; you could be tired, and that's why... I could get a blanket for you; I have some in the store.
MARGUERITE	Namoya, I am not tired! The little one, he is worried because things are not going well for someone... or maybe because somebody close is worried too.
PASCAL	Surely you don't think that his father...
MARGUERITE	Mr. Bonneau, is he worried?
PASCAL	Worried? Ha! No...
MARGUERITE	But is he thinking that it's too late? Is he thinking that it should be over by now?
PASCAL	Too late? No! Well, it's just that I was expecting word. But I don't really know how long this is supposed to take. I've never organized a prison break before! I'm just a merchant, you know!
MARGUERITE	Is he thinking that maybe his men did not succeed? Is he thinking that Louis...

PASCAL	No! I'm not thinking that! And I don't want you to think that either. I'm anxious for this to be over, that's all. And I'm sure that it's going to go well. Everything was carefully prepared. I have confidence in my men.
MARGUERITE	But, Mr. Bonneau he is worried just the same; he was watching at the window as if he was worried.
PASCAL	Maybe a little... when I am not absolutely certain of something, or when I am too eager, we're always a little bit worried or anxious... and... and I am still worried about my store. But, tonight, I believe that it's going to go well. In any case, even if I am a little nervous about all this, it shouldn't be upsetting for the little one.
MARGUERITE	It's not for that. The little one... he started when, Mr. Bonneau, he was talking about his father, and that Mr....
PASCAL	Papineau?
MARGUERITE	Éhé. When he was talking about how, Bonneau, his father was not like Louis because, Louis, he is a chief. That's when the little one he stopped moving.
PASCAL	I don't see the connection... I mean, I don't see how that should upset the little one.
MARGUERITE	Mr. Papineau, he was a chief?
PASCAL	Yes, he was the leader.

MARGUERITE	*(Pause.)* Mr. Papineau, him too... he was... hanged?
PASCAL	No! No, not Papineau. He was not hanged like the others. He took refuge in the States.
MARGUERITE	So he left, like Gabriel.
PASCAL	Precisely!
MARGUERITE	But the other chiefs, they were hanged.
PASCAL	But not Papineau; he took refuge! And believe me, it was not out of cowardice that he went into hiding. On the contrary. You see, that allowed him to come back three or four years later. Things had changed; people forget... he was pardoned. He even managed to get elected to Parliament! And he was able to help the Canayens that way!
MARGUERITE	And, Mr. Bonneau, is he worried for Louis? Is he thinking that, Louis, he's going to be... hanged?
PASCAL	No! It's not going to happen to him precisely because we are going to protect him; we're going to take him to a safe place, with Dumont. And maybe he'll get the chance to come back later, like Papineau, to help the Métis.
MARGUERITE	But, Mr. Bonneau, he is thinking that if, Louis, he stays in the prison, he could be...?
PASCAL	I don't know! We can't predict those things. And I don't want you thinking that... for the little one's sake.

MARGUERITE	So then, Mr. Bonneau, he is worried for Louis.
PASCAL	I know that, where he is right now, in that prison, Riel will not be able to help the Métis.
MARGUERITE	But why not?
PASCAL	Because in that prison, he is not in a position to negotiate with anyone.
MARGUERITE	General Middleton, he gave his word of honour…
PASCAL	Word of honour?
MARGUERITE	Éhé! He accepted the conditions from Louis; he said that, Louis, he would be able to parley.
PASCAL	The general may have acted in good faith, but…
MARGUERITE	And now, he does not want to keep his word of honour?
PASCAL	The problem is that Louis is no longer in Middleton's hands! Middleton handed him over to Dewdney.
MARGUERITE	Dewdney, he doesn't want to parley with Louis?
PASCAL	No! If he had any intention of negotiating with Riel, would he really be building a new prison and a new courthouse, just for his trial? That's the announcement that he's making tonight. And that's probably why we heard them fire a military salute.

MARGUERITE	Just the same, the general's word of honour, that means...

PASCAL	The general's word of honour means nothing for Dewdney! Dewdney... the Governor is not necessarily motivated by honour!

Act 2 Scene III - The Prisoner

The lights dim on centre stage; Dewdney enters on one side, under a spotlight. He is at the train station. We hear the crowd noise and the sound of a steam locomotive.

EDGAR	Bring out the prisoners! *(Pascal takes up position behind Dewdney, who becomes aware of his presence.)* Ah! Mr. Bonneau, I see that you've come just like all the other curious folks.

PASCAL	Good day, Excellency. Yes. Everyone wants to see the prisoners' train come in. So, all those who could manage the four miles from Regina are here, that's for sure!

EDGAR	Are you here for the half-breed prisoners or to see their leader?

PASCAL	I want to see Riel, of course.

EDGAR	I see... and is this simple curiosity? Or is there some sense of fascination?

PASCAL	A bit of both, I would think. You know, we create a certain image of a person like that, and so, when we get the chance, well, we come to see if it's real.

EDGAR Or to correct it.

PASCAL Correct it? I'm not sure what you mean.

EDGAR Do you see this crowd? All these people have come here expecting to see a great leader. What they are going to see, Mr. Bonneau, is nothing more than a broken man... a lowly prisoner... a filthy and ragged half-breed... just like all the others. And they will correct the image that they had made of him.

PASCAL It's not because he is Métis that I would...

EDGAR Oh! A few of the people might pity him. But most of them, when they see him humiliated, will choose to humiliate him further. That is human nature, and it is a predictable crowd reaction: they will want to feel stronger, and so their first impulse will be to put him down. These people, who came here out of mere curiosity, will, in the end, shout abuses at him.

PASCAL Is that why you came here? To see him humiliated?

EDGAR The people need to see a leader, Mr. Bonneau. Without a leader, this crowd would be uncontrollable. That is why I am here.

The crowd noise suddenly increases. Pascal steps forward for a better view; he points to the crowd.

PASCAL There! That must be Riel!

EDGAR Ah, yes.

The two men take the time to observe the prisoner, Pascal with curiosity and Dewdney remains stoic with a forced smile. We can hear the crowd shouting insults such as "dirty half-breed!" "traitor!" and "you'll hang for this, Riel!"

PASCAL   He is looking our way, Mr. Dewdney!

EDGAR   Quite so. *(He steps forward slowly.)*

PASCAL   That look... it's like... he's smiling at you!

Dewdney, maintaining his forced smile, signals to the guards to proceed on with the prisoner. The two men follow with their eyes as the prisoner is taken away. The crowd noise diminishes, but we can still make out an "arrogant half-breed traitor"!

EDGAR   So, Mr. Bonneau, that smile of his, as you have noted, what meaning would you assign to it?

PASCAL   Gosh! I... I'm not sure what to make of it. Riel seemed quite calm, just looking at us! It was... It wasn't fear, or defiance... or arrogance.

EDGAR   Very good, Mr. Bonneau! You are quite astute. It was not any of those. But the crowd... this crowd believed that it was all of that.

PASCAL   It was just a smile.

EDGAR   Yes, a simple courtesy... between leaders... and the look of a man who believes that he is on the right path.

PASCAL   I'm not sure I follow!

EDGAR	What you may not know, Mr. Bonneau, and the crowd certainly does not know, is that we did not capture Riel.
PASCAL	What?
EDGAR	No, he gave himself up to General Middleton.
PASCAL	You mean that...
EDGAR	Oh Yes. He could have escaped; he could have fled like his accomplice, Dumont. But he chose instead to come to us.
PASCAL	But why?
EDGAR	Because... he sees himself as a real leader. And so he believes that he is doing the right thing. He gave himself up... with some conditions, of course. He believes that he has the opportunity to negotiate the well-being and the future of his people.
PASCAL	So that means that you're going to discuss the Métis situation with him; perhaps negotiate a treaty for...

He finally turns toward Pascal.

EDGAR	Mr. Bonneau! You must understand that it would not look good, that it would be imprudent, a serious error, for a leader such as myself to negotiate with a half-br.. with a prisoner! Did you not hear this crowd? The people believe that we have captured a traitor.

PASCAL	But he gave himself up on condition... it seems to me that the honorable thing would be...
EDGAR	Honorable? *(With a smile.)* There are only two rules to follow in this matter, Mr. Bonneau! The first is the rule of the common good... nothing must hinder our efforts to ensure the progress of this Territory.
PASCAL	Yes, but I don't see how...
EDGAR	The second is that of fair play. And that's where honour has it's place. We will give this Riel the opportunity to convince a court of the validity of his actions; and so a jury will rule on his merits. *(He turns back towards the crowd.)* Till then, he shall remain my prisoner. After that, we shall see.

Dewdney smiles, salutes the crowd and exits.

Act 2 Scene IV - The Moccasins

Pascal returns to his discussion with Marguerite.

MARGUERITE	The people, they don't know that, Louis, he gave himself up so that he could parley?
PASCAL	No, they don't know that.
MARGUERITE	Why did the newspaper not say that?
PASCAL	The journalists don't know everything. And that suits Dewdney just fine. If the people were aware of Middleton's word, Dewdney

would feel compelled to respect it, or at least to summon Riel for a meeting. But this way, he doesn't have to; he is free to do as he pleases.

MARGUERITE   Dewdney, he doesn't even want to meet Louis?

PASCAL   The worst of it is that not only did he succeed in manipulating the crowd by letting them think that Middleton captured Riel, but he furthered the deceit by making them believe that he is now holding a dangerous criminal.

MARGUERITE   Louis, he is not dangerous!

PASCAL   Middleton handed him a prisoner in handcuffs; Dewdney fitted him with a ball and chain, and keeps him isolated… in solitary.

MARGUERITE   Why would he want to treat him that way?

PASCAL   It allows him to charge Riel with treason…

MARGUERITE   Louis he is not a traitor!

PASCAL   It's exactly as it was for the Patriotes.

MARGUERITE   Louis, he just wants to help the Mitchifs.

PASCAL   Just like Papineau…

MARGUERITE   (*Pause.*) Éhé, Mr. Bonneau. I can see that now. Getting Louis out, that is the best thing! If, Dewdney, he does not want to parley with Louis… then it means that, Louis, his plan, it was not the right plan.

PASCAL	He was deceived, that's for sure. Maybe not by Middleton, but Dewdney…
MARGUERITE	So maybe it is better that, Louis, he does like Monsieur Papineau.
PASCAL	That's right!
MARGUERITE	Even if, Louis, he is not going to like it in Montana, well… maybe he will be able to come back later.
PASCAL	Exactly! And in the meantime you will have all your family.
MARGUERITE	Éhé. Even in Montana, the family it can be together.
PASCAL	That's the most important thing.
MARGUERITE	*(She suddenly places a hand on her stomach.)* He moved! Mr. Bonneau! The little one, he moved!
PASCAL	That means?
MARGUERITE	Éhé, it is better now; he moved a little bit. I think that, the little one, he knows too.
PASCAL	What? What does he know?
MARGUERITE	*(She shows him the moccasins.)* The little one, he knows that even if, his moccasins, they will not touch the river at Batoche, it is going to be fine now.
PASCAL	In Montana?

MARGUERITE	Éhé… I think that, the little one, he knows that, Mr. Bonneau, he is doing the right thing.
PASCAL	I'm very glad!
MARGUERITE	Mr. Bonneau, sometimes it is not easy for the Mitchifs to trust the white men. They see too many that are not good. But I want you to know now, Mr. Bonneau, that I have trust in you. Mr. Bonneau, he has a good heart.
PASCAL	Thank you Madame Riel. It really does a great deal of good to hear that. And you do know that I have confidence in my men… *(He goes to the window to look out.)* but I don't know if this heart of mine can hold out much longer if I don't get word soon.
MARGUERITE	The men, they will do well for Bonneau.
PASCAL	I hope so! And you know, I am thinking about my store just the same. I have plans… once this is all finished...
MARGUERITE	Soon maybe…
PASCAL	And you too, you will be able to make plans now.
MARGUERITE	Éhé. We have to change the plan now. *(She removes a folded piece of paper from one of the moccasins.)*
PASCAL	Not just changing your plan… I mean that you should be making real plans, preparing for a new life for your family.

MARGUERITE	I cannot bring the message to Louis anymore.
PASCAL	You can give him all the messages that you want... you'll be seeing him in a few days!
MARGUERITE	And Gabriel, he wanted that...
PASCAL	Well Dumont is down there as well, isn't he? If you want, we could send some men to find him; we could bring him to you. I'm sure that Riel will be pleased to see him again.
MARGUERITE	He is in the Dakotas.
PASCAL	Well! That's what we'll do then. We will go find him! One Dumont in Dakota! Or maybe two! Madame Dumont, she is your friend, isn't she?
MARGUERITE	Madeleine?
PASCAL	Yes, that's right... Madeleine Dumont. We could go get her too.
MARGUERITE	Madeleine, she stayed at Batoche.
PASCAL	At Batoche! Why would she have stayed there? From what they say, there isn't much left of Batoche. Wouldn't she have been better to follow her husband?
MARGUERITE	Madeleine, she stayed behind to help those women that could not leave...
PASCAL	You saw her again at Batoche... after the battle?

MARGUERITE	We did not go back to the village. After, Louis, he gave himself up and Gabriel he was gone, Madeleine, she came to find us. And she gave me these little moccasins. They are for Louis. Madeleine wants me to give this message to Louis.
PASCAL	She sent a message to Louis?
MARGUERITE	The message it's from Gabriel, but now, Gabriel, maybe he is going to see Louis before.
PASCAL	A message from Dumont! All this time, you had this message from Dumont, and you didn't say anything.
MARGUERITE	I could not say anything. I did not trust Mr. Bonneau before.
PASCAL	And now? *(She nods as to say yes.)* Have you read it?
MARGUERITE	I cannot read, Mr. Bonneau, so then…
PASCAL	You can't read? And yet, your husband is very well educated…
MARGUERITE	Éhé! Louis, he taught the little ones to read; and he wants to show me too! But… here! Maybe, Mr. Bonneau, he can read it.
PASCAL	Me? But this note isn't meant for me.
MARGUERITE	But maybe he could read it for me.
PASCAL	But… you could still give it to him…

MARGUERITE   Namoya, not now... I want to know... right now.

She hands him the paper; he unfolds it carefully.

MARGUERITE   The message... what is it? *(Seeing that he is reading silently.)* I want to hear it.

PASCAL   *(Reading slowly.)* "My Commandant. To start with, I want to say that I am not angry with you. I cannot be angry with the only man that I ever called my chief. The battle, it was maybe lost, but the Mitchifs' fight it is not finished. I wish you much courage for what you want to do. But, at the same time, I am sure that by the time you get this message, you will have come to understand that, the English, they will not parley with the prisoner Riel. So I tell you, place your courage next to your patience, because I know that you have lots of that. Patience, my Commandant. I have a plan. I will go find some good soldiers. And we will come to get you. Keep yourself ready. We will take you out of the Englishmen's prison. It is a free Riel who will be able to parley for the Mitchifs. Your Lieutenant, Gabriel."

He hands her the paper with a broad smile.

MARGUERITE   Gabriel said that?

PASCAL   Yes! All this time that we were worried... and you were worried that...

MARGUERITE   Gabriel, he wants to come and get Louis out of the prison?

PASCAL | And here we are, doing exactly what Dumont would want to do!

MARGUERITE | So then… Gabriel, he is not angry. He will be glad to see Louis…

PASCAL | He should be glad, for sure!

MARGUERITE | Maybe he is going to be surprised, but he is going to be glad. Louis and Gabriel, they are going to be able to make new plans to help the Mitchifs.

PASCAL | And what about you, Madame Riel?

MARGUERITE | Éhé, I am much better now. *(She goes to the window to look out.)* And I am very anxious to see Louis!

PASCAL | You will see him, Madame Riel! Soon. It will soon be all over. You will join your husband and your family; you will make new plans and start a new life!

MARGUERITE | A new life …

PASCAL | As for me… well, I'll be able to continue.

MARGUERITE | You think it is possible that?

PASCAL | *(He sits at his desk.)* Of course! When this is all over… when you are safely in Montana… with Riel… everything will be possible! And when things have calmed down a bit here in Regina… well, then business should pick up at my store. At least that's what I'm hoping. Then we could carry on with what we had planned. *(He removes a folded paper from his ledger book and examines it.)*

MARGUERITE   Éhé, it is possible. When we are going to be all together, us... and when, Louis, he sees that, little Jean and Marie-Angélique, they are very happy to have their father... and when, Louis, he can hold this new little one in his arms, then we are going to be a family, like before...

PASCAL   A second store, Madame Riel. You know, we've been dreaming about a second store for quite a while... in Moose Jaw this time.

MARGUERITE   *(Gazing out the window.)* Maybe we are going to find a place, just for us, on the banks of a little river... just for us...

PASCAL   My second son, Trefflé, will soon be old enough. He has a good head for business, that one; he has some experience in freight, and he also worked for me. So, I think a store in Moose Jaw would be just the thing... *(He places the paper back in the book and closes it proudly.)*

MARGUERITE   With a house, just for us... not just one room like before... a whole house! On the banks of a quiet little river... where the little ones they can dip their moccasins without being afraid.

PASCAL   I know that Célina thinks that it's too far. It's already enough that our oldest went to build his ranch down South. But I can see that it makes good business sense. Our oldest would also benefit; he would produce enough to supply two stores.

MARGUERITE   But that river, it has to be wide enough just the same, because then, Louis, he could maybe have a ferry boat... like the one Gabriel had at Batoche... That would be good that, because, Louis, he likes to meet people... travelers... hunters.

PASCAL   And Moose Jaw is only forty miles from here. That's not far with the railway...

MARGUERITE   And even when there's no travelers, it would be good because then, Louis, he would have time to write... he likes to write... poems, letters... Louis, he could maybe write his story, the story of the Mitchifs.

PASCAL   And with the railway, Moose Jaw is bound to grow now. We can't stop progress.

MARGUERITE   But it's not yet finished, the story of the Mitchifs. It could start again over there. Other Mitchif families, they could come and make their place on the banks of that little river. Éhé! We could invite Madeleine and Gabriel to come and build their house there too.

PASCAL   Two stores: Bonneau and Sons!

MARGUERITE   It's going to be our very own land. A new Mitchif land.

PASCAL   I'll be minding this one, with Célina.

MARGUERITE	The Mitchifs, they are going to have their place; it's going to be nice there. They are going to be happy there… right, Mr. Bonneau?
PASCAL	And yes, we are happy here! I've made a place for myself here in Regina;
MARGUERITE	Cré! It's going to be nice, that!
PASCAL	I've done my share for this town! This is where I want to stay!
MARGUERITE	It's going to be like Batoche.

Act 2 Scene V - The Traitor

André bursts in without knocking; he goes straight to the desk, grabs the whiskey bottle and takes a big gulp.

PASCAL	André?
ANDRÉ	The shikauk! *(He takes another drink, and wipes his mouth with his sleeve.)* The traitor!
PASCAL	What's going on André?
ANDRÉ	Gaudry, he's going to find out who's that traitor!

He tries to take another drink, but Pascal takes the bottle from him.

PASCAL	What's happening…
ANDRÉ	The shikauk! *(He rushes to the store shelving.)* Some bullets! Gaudry, he needs more bullets!
PASCAL	André! Stop!

ANDRÉ	Bonneau, does he have some bullets for Gaudry?
PASCAL	*(He seizes André by the shoulders.)* What is going on, André?
ANDRÉ	It's all finished, Mr. Bonneau!
PASCAL	What do you mean?
MARGUERITE	Louis, is he out now?
ANDRÉ	They had a traitor with them!
PASCAL	Who?
ANDRÉ	The police!
PASCAL	The police?
ANDRÉ	Éhé! The police they had a traitor with them! The shikauks!
PASCAL	I don't follow! What police?
ANDRÉ	The police that they attacked the Mitchifs.
PASCAL	What?
ANDRÉ	Éhé! Gaudry, he saw them! Bottineau, he was headed for the north camp and, Gaudry, he was going to the camp on the Plaine. And that's when he saw the police! It was far away, but, Gaudry, his eyes they are good, so he saw them! And, the police, they were heading straight for our camp too! And they had the rababou with them!

MARGUERITE	The rababou?
PASCAL	But, I don't understand! They assured me that there wouldn't be any police!
ANDRÉ	Éhé! Bonneau, he said that they had just three police, and that, the police, they were just at the prison! But I'm telling you! The goddam jackass police, they were attacking our camp!
MARGUERITE	And Louis? Did you see Louis?
ANDRÉ	And, the Mitchifs, they were not ready for that, because... because, Bonneau, he said that they had just three police!
PASCAL	What happened?
ANDRÉ	The police... well they started to crank that rababou! And it didn't stop, that rababou! Well, those Mitchifs in the camp, they were like ducks sitting on a pond! They couldn't defend themselves on the Prairie that's wide open like that! So they ran. Goddam! Gaudry, he saw the Mitchifs running like jack rabbits!
PASCAL	Damn!
ANDRÉ	And, he saw that shikauk too!
PASCAL	That's not possible!
ANDRÉ	Goddam de goddam, Mr. Bonneau! The police, they knew our plan!
PASCAL	But how?

MARGUERITE   What about Louis?

ANDRÉ   The police they knew! Because they had a traitor with them! A Mitchif, Mr. Bonneau! A Mitchif traitor! Gaudry, he saw him! The shikauk!

PASCAL   A Métis? What Métis?

ANDRÉ   Don't know! But, Gaudry, he's going to know it! *(He takes a step towards the door and stops.)* And when he catches that shikauk of a Mitchif traitor… he's going to skin him like a gopher! And, his hide, he's going to drag it behind his horse to show what, the Mitchifs, they do with traitors!

MARGUERITE   *(She grabs his arm.)*   What about Louis? Gaudry, did he see Louis?

ANDRÉ   *(Pause.)* Namoya! He did not see Riel. He didn't even come close to that prison!

MARGUERITE   That means…

ANDRÉ   The poor little Bellehumeur! Gaudry and Bonneau, they wanted to bring back her husband to her… but it didn't work!

MARGUERITE   What is going to happen to Louis now?

ANDRÉ   Gaudry, he doesn't know…

PASCAL   I don't know…

ANDRÉ   Maybe we're going to find another plan.

PASCAL   What plan?

MARGUERITE   What is he going to do, Mr. Gaudry?

ANDRÉ   Gaudry, he's maybe going to take the relay of horses all the way to Montana! And he's going to go see Gabriel. Maybe, Gabriel, he's got another plan to save the little Bellehumeur's husband.

PASCAL   It's too late, André! You know that we won't have another chance.

MARGUERITE   So then, Louis, he's going to stay in prison?

ANDRÉ   Maybe! And maybe not! Gaudry, he's going to go see Gabriel! *(He goes to the door.)*

PASCAL   Besides, I don't think that Dumont will be very pleased to learn that you... that we stole his plan.

ANDRÉ   *(He turns to face Pascal.)* Maybe, Gaudry, he would have been better to wait for Gabriel. Gabriel, he's a General! Maybe, Gaudry, he was wrong to listen to Bonneau! Bonneau, he's just a trader of...

PASCAL   Maybe! But you know that we had to do something, André! You know that we only had one chance for that! And Gabriel's plan was the best plan! It was the only plan.

ANDRÉ   Shikauk of a Mitchif traitor!

PASCAL   You know that we had to try! We tried, André!

ANDRÉ   (He looks at Marguerite.) Éhé... we tried.

PASCAL   We did everything that we could! So, you
                  have to go into hiding now; the police will
                  surely be looking for you! (He tries to draw
                  him back towards the store entrance.)

ANDRÉ   Namoya! Gaudry, he's not going to hide!

PASCAL   But what if they followed you; if they saw
                  you come here...

ANDRÉ   Namoya! They didn't follow Gaudry! They
                  were too busy chasing rabbits with their
                  rababou!

PASCAL   But maybe they saw you! And if they find
                  you here, I'm the one who stands to lose
                  everything!

ANDRÉ   Bonneau, he doesn't have to be scared!
                  And, if the police they want to hunt Gaudry
                  down, well then, Gaudry, he's ready! He's
                  going to do like the buffalo. The buffalo he
                  doesn't hide! He just stays where he is and
                  he does what he always does... he stands
                  proud... Éhé! When, the hunter, he comes,
                  well then, this time he's going to see what a
                  mad buffalo can do! He's going to see what,
                  Gaudry, he can do!

PASCAL   Don't go do anything foolish, André! You'd
                  be better off hiding... come!

ANDRÉ	And, Bonneau, he might be better to find another way to help the little Bellehumeur, so that she can see her husband! Gaudry, he's going to go hunting! Hunting the shikauks! *(He exits.)*
PASCAL	*(At the door.)* André!
ANDRÉ	*(Offstage.)* Gaudry, he's not going to hide like a mouse!

———————◅◈▻———————

Act 2 Scene VI - Continue

PASCAL	André!

(Pause.)

MARGUERITE	Mr. Bonneau...
PASCAL	It's finished...
MARGUERITE	Mr. Bonneau...
PASCAL	It's all finished. Everything that I've built... everything... it's finished...
MARGUERITE	Mr. Bonneau!
PASCAL	Yes?
MARGUERITE	I know that, Bonneau, he cannot get Louis out of the prison now...
PASCAL	I tried, Madame Riel, but... I don't understand... a traitor? Dewdney had said...

MARGUERITE	Louis he's going to stay in prison.
PASCAL	I… I'm afraid so… I tried to do the right thing, you know…
MARGUERITE	I know that, Mr. Bonneau.
PASCAL	I should have thought of that possibility…
MARGUERITE	That's all finished, Mr. Bonneau! That's not important now.
PASCAL	Maybe if I had taken other precautions…
MARGUERITE	It's, Bonneau, he said that is the past, all that. And the past is a place that we don't go back to.
PASCAL	Well, the future doesn't look too bright either…
MARGUERITE	But we have to continue just the same! *(Pause.)* Louis, he has to stay in the prison… he has to continue to wait…
PASCAL	I'm really sorry about that…
MARGUERITE	So then, maybe, Mr. Gaudry, he was right.
PASCAL	André? How's that, he was right?
MARGUERITE	We have to continue to do what we have to do.
PASCAL	I don't follow.
MARGUERITE	Louis, he has to continue…

PASCAL	Please, Madame Riel! Isn't it obvious enough that Dewdney doesn't want to negotiate?
MARGUERITE	Louis, he has to wait for the trial now... so that he can parley for the Mitchifs... and me too, I want to continue to do what I have to do.
PASCAL	You?
MARGUERITE	Éhé! Me too I don't want to hide any more.
PASCAL	But what do you think you can do now?
MARGUERITE	Monsieur Bonneau, I come to Oskana to see my husband... so then, I want to go see my Louis!
PASCAL	What?
MARGUERITE	I came to be with Louis! A wife, she has to be with her husband.
PASCAL	But...
MARGUERITE	So now... Bonneau, is he going to find another way to help the little Bellehumeur, so that she can see her husband?
PASCAL	Another way?
MARGUERITE	To see Louis in the prison.
PASCAL	But what do you expect that I can do now?
MARGUERITE	Bonneau, is he going to go see Dewdney now?
PASCAL	Dewdney?

MARGUERITE Éhé, it is still Dewdney that can give the permission.

PASCAL *(Pause.)* I'm afraid that Dewdney...

MARGUERITE He does not know if he does not ask! Dewdney, he might give the permission for that now.

PASCAL I'm afraid that Dewdney will not want to see me.

Act 2 Scene VII - The Genius

Dewdney enters under a spotlight; he is near the door of his office. He listens for a second.

EDGAR So, your men believe that they've simply dispersed another band of drunken half-breed hunters! Excellent! No one will know what really happened tonight! *(A sigh of relief.)* Now, back to the business at hand. The recruitment of appropriate settlers... *(He listens.)* The Prime Minister? Sir John need not know either! My God! He wanted me to arrange the jail break so that Riel could be shot while escaping! That might have solved his problem down east, but what would it have done to help our cause in this territory? Nothing! So, let us proceed as though nothing has happened. We will send him a telegram informing him that the prisoner will be moved to the new prison next week, and that the hearings will commence the week after. He may see through the message; he may not like it, but it will be too late for him to change the course of events. *(He moves away from the door.)* For the rest, we need only congratulate ourselves! On the one hand, we've given these half-breeds from the South the satisfaction of believing that they've at least tried to help Riel. That should help keep them off our back for a while. On the other hand, by preventing them from succeeding, we have averted another war. You can be sure that had they managed to free my prisoner, we would have been obliged to respond, to track them down, to launch another military strike against them... and that would have done nothing to help draw new settlers into my territory! Ah! But the genius, my good fellow... the real stroke of genius in all of this, was that by making them believe that it was one of their own, a half-breed, who betrayed them, we've likely planted enough doubt and mistrust amongst them so as to prevent the emergence of any new half-breed chief for quite some time! *(Pause.)* And so, as I have wanted all along, we will hold Riel's trial here, in Regina. And we will show the easterners that our justice system is as good as that of the provinces. What better way to reassure new settlers for my land than to show them that this is now a safe territory! *(He listens.)* What of Mr. Bonneau? He was most useful to us, of course! Without him, we would not have so easily "manipulated" the breeds. But he does not represent any threat to us. He will never know what has really happened. And his name will not be associated with this affair... because, after all, there never officially was an "affair". So why, pray tell, should we reward him for services not rendered... on a contract that does not exist? *(He listens.)* Yes, that is all... *(He moves quickly to the door.)* Oh, one last thing: the list of candidates for the jury...

Exit Dewdney.

Act 2   Scene VIII – The message

MARGUERITE   Mr. Bonneau, I have to go see Louis before his trial. I have to show him...

PASCAL   It's too late for Gabriel's message!

MARGUERITE   I have to see, Louis, his eyes; I have to show Louis that things are good.

PASCAL   That things are good?

MARGUERITE   Éhé!

PASCAL   But things aren't good at all!

MARGUERITE   Louis, he is going to need to believe that we are well...

PASCAL   Well, things aren't good for me, that's for sure!

He goes to his desk and opens the ledger book to show her.

MARGUERITE   Mr. Bonneau...

PASCAL   I really don't have much left... especially not much hope!

MARGUERITE   Mr. Bonneau!

PASCAL   Might as well say that I've lost everything now!

MARGUERITE   Namoya! Mr. Bonneau, he has not lost everything...

PASCAL   Do you want to see the numbers?

MARGUERITE   I can't read.

PASCAL   I can assure you that this store won't last till the Fall!

MARGUERITE   What he has that is important, it's not in that book...

PASCAL   What there is in this book is my whole life!

MARGUERITE   He still has all his family, Mr. Bonneau! That is his life, that! *(Pause.)* His children, they are already grown up. *(She hands him the moccasins.)* And soon they are going to have little ones, them too.

PASCAL   And what will I have left to offer them? Moccasins?

MARGUERITE   Not just the moccasins, but important things too. He could show them that he has a kind heart... maybe a little bit of pride... and some courage. *(Pause.)* Louis and the Mitchifs, they are not mice.

PASCAL   I don't see what...

MARGUERITE	Well, that Mr. Papineau, and the Canayens, and Bonneau, his father... they were not mice either! They did not win their battle, but maybe they fought the battle to show the others that it is important to continue! Maybe, his father, he fought the battle to show that, the little one that was in Madame Bonneau's womb, he needed a better place... a place where he could wear his moccasins... without being afraid.
PASCAL	*(He looks up at her.)* Ah! Madame Riel!
MARGUERITE	*(She places her hands on her stomach.)* And Bonneau, he still has some friends that need him.
PASCAL	Maybe you're right...
MARGUERITE	Éhé! And, Gaudry, he was right too.
PASCAL	It's true, I still have all my family. I have to continue for them.
MARGUERITE	That's better.
PASCAL	My son has a ranch... I could always go help him.
MARGUERITE	Éhé, he could do that.
PASCAL	Even if I'm no longer a merchant... *(He closes the ledger book.)* One has to do what one has to do... even if it means becoming a cowboy.
MARGUERITE	But before that he could...

PASCAL	But before that he could still help his friends…
MARGUERITE	So then, Bonneau, he is still going to help?
PASCAL	What can Bonneau do for the little Bellehumeur?
MARGUERITE	Help her to see her Louis. Louis, he is going to need to know that his little Bellehumeur, and the little one that is in her womb, and the other little ones too, they are going to wait for him.
PASCAL	Well then, he will know that!
MARGUERITE	Louis, he is going to need to know that I understand too… that there are some Mitchif who understand that he is doing the right thing.
PASCAL	He will know that too!
MARGUERITE	So then…
PASCAL	I will give him these little moccasins!
MARGUERITE	The message from Gabriel?
PASCAL	From his little Bellehumeur… and from Bonneau. You are right; Louis has to know that there are those who believe… *(Showing the moccasins.)* that we believe that he is doing all of this for the future of the Métis!
MARGUERITE	Bonneau, he believes that?

PASCAL   *(He takes her hand.)* Come! Let's go see Célina. We'll help you.

They exit

CURTAIN

Table des matières